Angela Reinders

# OASEN FÜR DIE SEELE

Angela Reinders

# OASEN FÜR DIE SEELE

*3-Minuten-Meditationen im Alltag*

PATTLOCH

**Besuchen Sie uns im Internet:**
**www.pattloch.de**


Redaktion: Michael Schönberger
Bildnachweis:
Corbis : S. 12, S. 14, S. 74 Axiom Photographic/Design Pics/
S. 126 Jason Edwards/National Geographic Society.
Umschlaggestaltung: ZERO Werbeagentur, München
Satz: Adobe InDesign im Verlag
Druck und Bindung: C. H. Beck, Nördlingen
Printed in Germany
ISBN 978-3-629-02294-3

2 4 5 3 1

# INHALT

# KLEINE OASEN

Der heiße Sandboden verschwimmt im gleißenden Licht. Der Weg ist nicht deutlich zu erkennen, geschweige denn ein Ziel. Dort hinten, was ist das? Eine Wasserstelle? Oder doch wieder nur eine Fata Morgana, vermeintliche Gastlichkeit, scheinbare Ruhestätte?

So unruhig, ausgedörrt und hungrig bin ich in meiner Alltagswüste. Ich laufe heiß, und es ist keine Oase in Sicht, an der ich meinen Lebensdurst stillen kann.

Morgens weiß ich, was mich erwartet und dass ich kaum schaffen werde, was mir da zugemutet wird. Nicht einmal tief durchatmen werde ich können, es wird nur kurz zum Luftschnappen reichen, gerade so viel, wie mein Organismus braucht. Und so geht es weiter – über den betriebsamen Vormittag, den viel zu schnell dahineilenden Nachmittag, und unversehens ist es Nacht. Wo ist der Tag geblieben? Und vor allem: Wo bin ich an diesem Tag geblieben?

Was müsste ich tun, um mich dieser Frage zu stellen? Ich habe im Laufe meines Lebens unterschiedliche Vorschläge dazu bekommen: Jeden Abend eine ausgiebige Reflexion des Tages zu machen ist einer davon. Ich versuche das, aber ich gebe zu, dass ich darüber manchmal einschlafe. Oasen zwischendurch zu schaffen ist kaum praktikabel. »Zwischendurch« – das müsste dann noch zwischen den vielen

»Zwischendurchs« sein, die ich mit kleinen Erledigungen fülle, um überhaupt alle Aufgaben zu bewältigen. Ein Pfarrer erzählte mir vor kurzem, es seien immer so viele Dinge im Weg zwischen ihm und der Zeit für Ruhe (und meistens sei er sich selbst im Weg), dass er jetzt dazu übergegangen sei, sich an manchen Tagen den Wecker eher zu stellen als sonst, um die Zeit des frühen Morgens für seine Besinnung zu nutzen. Morgens? Nein, morgens bin ich dazu überhaupt nicht tauglich.

Also schaue ich nach einem Weg, der für mich passen könnte. Und ich versuche es einmal so:

Ich schaue in jeder Situation nach der kleinen Oase darin. Ich gehe sozusagen etwas auf Abstand zu mir, lasse mich am Wasserufer nieder und sehe mir von da aus bei dem zu, was ich tue: arbeiten, einkaufen, für mich und andere sorgen. Und dabei schaffe ich es plötzlich: Ich sehe, was in meinem Alltag über mich, über die Situation, über die Menschen um mich herum hinausweist. Ich erkenne auch, wo ich bleibe – bei der Arbeit, in der Lebensgemeinschaft, bei mir allein, in der Familie, der Freizeit, zu Hause und unterwegs, in der Natur, in meiner Umgebung. Zwischen dem Treibsand, der mich entschleunigt, und meinen Wegen von Fata Morgana zu Fata Morgana, die ich so in echte Ruhezonen verwandeln kann.

Besonders die Durststrecken versuche ich so mit Sinn zu füllen, in denen die Oasen sich verbergen und einfach nicht sichtbar sind: Zeiten, in denen sich das Leben in der flirrenden Luft verletzlich zeigt, voller Angst, wo mir meine

Grenzen sichtbar werden, am Ort meiner Trauer, in Anbetracht meiner Narben oder hinter den Masken, die ich trage.

Wenn ich diese Phasen überstanden habe, freue ich mich an den Quellen, die sich mir bieten, wenn die Oasen gerade in greifbarer Nähe liegen, so dass ich mit dem frischen, kühlen Nass auch neue Hoffnung schöpfe: in den Augen eines Neugeborenen, unterm Sternenhimmel, an heiligen Stätten und Sehnsuchtsorten, bei Menschen, die ich liebe. Bei den unvermuteten Begegnungen, in den kleinen Zeichen der Nähe und den himmelweiten Eindrücken meiner Geschichte, an den Oasen meines Lebens.

Die Miniaturen zeichnen Spuren von Alltagserlebnissen nach und lassen dabei Grund erkennen, der das Leben neu tragen und die Wüste beleben kann. Jede mitgeteilte Erfahrung eine kleine Oase – ein Angebot zum Mit-dort-Rasten.

# ZWISCHEN TREIBSAND UND FATA MORGANA

Mitten im Alltag kommen die Fragen.
Immer dasselbe, immer der gleiche Ablauf.
Aber wie kann mein Leben mehr Weite, mehr Tiefe
bekommen, wie gucke ich über meinen Horizont
und über meine Scheuklappen hinaus?
Was geschieht an meinem Tag, und wo sind
die Ruhezonen?

# VOM BETT IN DEN TAG

*Was erwartet mich? Sinnvoller Anfang.*

Den Schritt vom Bett in den Tag als bewussten Ausstieg und bewusst als Einstieg in den neuen Tag anzunehmen, das bereitet auf die vielen entscheidenden Momente vor, die heute noch kommen, auf die Entscheidungsmomente. Darin übt der erste Schritt des Tages ein, der Schritt vom Bett auf den Boden.

Ein paar kleine Hilfen machen den Schritt leichter:

Mir am Vorabend etwas zum Anziehen herauslegen.

Ich plaziere die drei wichtigsten Aufgaben für heute wie auf einer gedachten Wäscheleine zwischen die Kleidungsstücke: Was erwartet mich heute? Was ist heute wichtig? Was muss ich fertigbringen?

Eine Vision entwickeln: Was soll heute Abend besser sein, als es gestern war?

Und wenn es gar nicht geht, weil ich zu müde bin, zu erschöpft, zu enttäuscht, zu hoffnungslos, dann höre ich die Worte, die auch mir gelten können: »Mädchen, ich sage dir, stehe auf.«

# NACH EINEM TRAUM, DER MICH BESCHÄFTIGT

*Wach, aber noch mit dem Nachtgeschehen beschäftigt.*

Die verschusselten Träume, von denen am Morgen nichts bleibt: Das alles kommt mit. Das brauchen wir auch«, heißt es im Lied »Weißes Papier« der Gruppe »Element of Crime«. Ob die wirklich wichtig sind? Konfuse Träume brauche ich nicht. Die schüttel ich ab und versuche, sie zu vergessen.

Wenn da die anderen Träume nicht wären … Die kleinen Mahner in der Nacht, die kleinen Eindrücke, die unser Gehirn endlich in Bilder gepackt hat, Bilder, die uns dann noch lange nach dem Aufstehen beschäftigen. »Auch so könnte mein Leben sein.«

Aber da kommt schon die erste Hürde. »Das erste Symptom dafür, dass wir unsere Träume töten, ist, dass wir nie Zeit haben«, stellt der Autor Paolo Coelho fest. In seinem Buch »Struwwelpeter für Manager« greift Fritz Maywald dieses Symptom auf. Menschen, die immer beteuern, dass sie keine Zeit haben, »träumen zu wenig. Denn etwa während einer täglichen Zugfahrt von fünfundvierzig Minuten kann ich ein Vielfaches dieser Zeit er-träumen und dabei alle Grenzen überschreiten, die mir im wachen Zustand im Wege sind.«

Wie wäre es denn, wenn mein Leben so wäre, wie ich es unvorhergesehen geträumt habe?

Nagt da ein kleiner Wunsch, dass irgendetwas aus diesem Traum so werden möge?
»Wenn du es träumen kannst, dann kannst du es auch tun«, sagte Walt Disney einmal.
Träumen und träumen ist nicht das Gleiche.
Was, wenn ich träume und zu Papier bringe, was ich da träume?
Einmal mit System:
Was ist mein Lebenstraum?
Wo will ich hin?
Welche Schritte kann ich gehen, um dorthin zu gelangen?
Was sind realistische Ziele?
Wer hilft mir?
Welche meiner Verhaltensweisen, Gewohnheiten, liebgewordenen, aber zweifelhaften Einsichten muss ich ablegen, um meine Lebensplanung strukturiert angehen zu können?

# DIE HAND AM HERZEN

*Den Tag mit Gott beginnen.*

In meinem Elternhaus war das noch eine Selbstverständlichkeit: Den Tag zu beginnen mit einem gemeinsamen Morgengebet am Tisch. Es war immer das gleiche, vertraute Gebet. Eine Zeile darin lautete: »Und was ich denke, red und tu, das segne, bester Vater, du.«

Sind Denken, Reden und Tun drei »Filter«, durch die ich mein Alltagsverhalten prüfen kann? Ich lege sie probeweise drei Tage lang auf meine Erlebnisse an und sehe, was sich verändert. Und ich bete …

# HINTER DER ZEITUNG: MEDITIERTE SCHLAGZEILEN

*Kann man die Tageszeitung beten?*

Manchmal packt mir der Gemüsehändler Obst in Zeitungspapier ein. Wenn ich die Einkäufe zu Hause verstaue, dann bleibt mein Blick an Artikeln hängen aus längst vergangenen Tagen, längst verstrichene Ereignisse drängen sich in mein Bewusstsein. Wie oft habe ich sie nicht richtig wahrgenommen, als sie aktuell waren. Ich empfinde eine Warnung, Freude, Bedauern.

Ich lerne von der Obst-Zeitung. Ich versuche, meine Wahrnehmung zu schärfen: Ich konzentriere mich auf drei Meldungen, die heute in der Zeitung stehen, und versuche, den Sinn, den Auftrag, das Signal für mich dahinter zu erkennen.

»Jede Zeitung kann zum Gebetbuch werden und jede Statistik zum heiligen Seismographen, mit dem wir als Christen auf die Tragik dieser Welt reagieren«, sagte einmal ein Jesuitenpater.

# VOR DER KAFFEETASSE MIT DEM SPRUNG

*Warum nicht alles gleich in den Müll gehört.*

Nicht immer schmeiße ich eine Tasse, einen Teller oder ein Glas sofort weg, wenn sie einen Sprung oder einen Riss haben. Nur dann, wenn ich fürchten muss, dass beim Trinken oder Essen Scherben in den Mund geraten, dann ziehe ich das angeknackste Geschirr aus dem Verkehr.

Im Roman »Im Tempel meines Herzens« gibt die Autorin Alice Walker eine Reihe von »Seligpreisungen« einer Hauptfigur wieder: »das Evangelium nach Shug«.

»WOHL denen, die das Zerbrochene und das Heile lieben«, heißt es darin; »keins ihrer Kinder, keiner ihrer Ahnen und kein Teil ihrer selbst wird ihrer Verachtung anheimfallen.«

# IM HÜHNERSTALL: MEIN FRÜHSTÜCKSEI

*Herkunft ist wichtig.*

Mein Ei trägt einen Stempel. Mit der Zahl zu Beginn erfahre ich, ob es von einem ökologischen Landbau (0), aus Freiland- (1), Boden- (2) oder Käfighaltung (3) stammt. Die Buchstaben, z. B. das DE, zeigen seine Herkunft an – mit einer genau festgelegten und nachvollziehbaren Betriebsnummer.

Mein Ei hat eine Geschichte. Das Huhn hat eine Geschichte. Mit den Eiern, die ich kaufe, schreibe ich Geschichte – die der Hühner, von denen die Eier für morgen sind, und meine eigene. Wenn das Ei, das ich kaufe, mit einem Schadstoff belastet ist, wird es eine Skandalgeschichte. Wenn ich mich an einem Tag, an dem ich morgens ein Ei gegessen habe, besonders stark fühle, wird es eine Erfolgsgeschichte.

Könnte man mir einen ähnlichen Stempel aufdrücken? Wie gut waren meine Entwicklungsmöglichkeiten? Wo komme ich her? Aus welchem »Stall«? Was bedeutet das für mich?

# BEIM ERSTEN WORT AM MORGEN

*Sprachstatistik.*

An der Uni Leipzig werten emsige Menschen täglich Tageszeitungen aus und stellen zusammen: Welche Ereignisse und Personen wurden heute besonders oft genannt? Welche Ortsbezeichnungen und Schlagworte tauchten am häufigsten in den Nachrichten auf? Beispiele: Beherrschten am 10. September 2001 noch Worte wie »Zuwanderungsgesetz« und die »T-Aktie« die Wortwahl der Nachrichtenmacher, so am Folgetag »Anschlag«, »Türme«, »Terror«. Habe ich Zeit, so zwischen zwei Morgen auszuwerten, worüber ich gesprochen habe? Vielleicht scheint es mir ja nur, als wären »Geld«, »Termin« und »Problem« die Spitzenreiter. Ich zähle darauf: Auch »Zeit« wird darin vorkommen, hoffentlich doch »Liebe«, vielleicht auch »Gott«.

»Wenn die Worte nicht stimmen«, begann der chinesische Weise Konfuzius vor 2500 Jahren, »ist das, was gesagt wird, nicht das Gemeinte.« Andersherum: Wenn gute Worte ausgesprochen und aufgeschrieben werden, häufig am Tag, dann ist mein Leben noch das, was damit gemeint war.

# BEI »STARBUCKS«: WO BIN ICH WIRKLICH ICH?

*Auf jeder Tasse, die ich da bestelle, mein Name – was hat das mit meiner Persönlichkeit zu tun?*

Starbucks«, die amerikanische »Coffee-to-go«-Kette mit Kultstatus, findet man in jeder größeren Stadt. Ihre Philosophie lautet: »Unser Geschäft besteht nicht darin, Bäuche zu füllen. Unser Geschäft ist es, Seelen zu füllen.« Dass so viele Menschen Kaffee konsumieren, als sei er Futter für die Seele, kommentierte Howard Schultz, der Gründer und Chef der Kette, so: »Das ist unser Lebensgefühl. Unser Geschäft ist die Beziehung zwischen Menschen, ist Menschlichkeit.«

Der Physiker und Comedian Vince Ebert meint dazu: »Starbucks. Wenn Sie dort einen Becher Kaffee kaufen, werden Sie zuerst einmal nach Ihrem Vornamen gefragt. Der wird dann wasserfest und unwiderruflich auf einen Pappbecher geschrieben. Nun müssen Sie bis zu sechs verschiedene Entscheidungen treffen: tall oder grande? Frappuccino oder Espresso? Caramel oder Peppermint? Low fat oder normal? Entkoffeiniert oder koffeiniert? Das klingt im ersten Moment vollkommen schwachsinnig. Doch ... Menschen, die nicht den blassesten Schimmer haben, was genau sie auf diesem Planeten tun, erwerben für 2 Euro 80 nicht etwa einen Becher Kaffee. Nein. Sie erwerben eine präzise Definition ihres Ichs: Vince, tall, Frappuccino, Caramel, low fat, entkoffeiniert.«

Ist das schon mein ganzes Ego – eine Reihe von Entscheidungen, die in einen Pappbecher passt, auf dem mein Name prangt wie auf einer Urkunde? Oder, anders gefragt: Wo bin ich wirklich ich? Und was genau tue ich auf diesem Planeten?

# AN DER ROTEN AMPEL

*Blockaden nutzen, um Atem zu holen, statt mich zu ärgern.*

Jeder Mensch wartet alles in allem zwischen zwei Wochen und dreieinhalb Jahren von seiner Lebenszeit ungeduldig auf die Ampel starrend, ob sie nicht endlich Grün zeigt. Vertane Minuten, über die sich Fußgänger wie Fahrrad- und Autofahrer gleichermaßen ärgern.
Wie wäre es, die als sinnlos empfundene Zeit mit Sinn zu füllen? Auch der Trierer Bischof Stephan Ackermann empfiehlt, vor einer roten Ampel »im Getriebe des Tages wenigstens einmal tief durchzuatmen und diesen Atemseufzer mit einem Gebet zu verbinden. Es könnte lauten: ›Gott, du bist da. – Lass mich leben aus deiner Nähe.‹«

# IN DER SCHULE

*»Non scholae ... « – was habe ich einmal gewusst, was zu wissen ist mir wichtig?*

Ob Tilly, Geburtsjahrgang 1994, immer noch »Angel of the Beach«, »Strandengel«, genannt wird?
Die Ausbildung zum Engel hatte sie bei ihrem Erdkundelehrer absolviert. Der nahm im Unterricht bei seinen zehnjährigen Schülerinnen und Schülern in der Danes Hill Preparatory School im südenglischen Oxshott das Thema »Seebeben« durch. Mitte Dezember 2004 stand es auf dem Stundenplan. Als Tilly zwei Wochen später mit ihrer Familie in Phuket im Süden Thailands Urlaub machte, fiel ihr beim Spielen am Strand ein, was sie gelernt hatte: Das Meer »blubberte« auffällig und zog sich zurück. Während manche Kinder noch versuchten, ihre Luftmatratzen tiefer in das zurückweichende Wasser zu bugsieren, sagte Tilly – als sei es das Selbstverständlichste von der Welt, dass ausgerechnet ein Schulkind das weiß – ihrer Mama Bescheid: Da kommt ein Tsunami. Innerhalb der zehn Minuten, die zwischen dem Erkennen der typischen Vorzeichen und der Flutwelle maximal vergehen, wurde auf Tillys Gedankenschnelle hin der Strand evakuiert. Hier starb niemand.
Zugegeben: Schulwissen kann nicht immer Leben retten. Der Satz des Pythagoras feiert selten solche Erfolge, und auch mit unregelmäßigen Verben ist noch kaum jemand zum Engel geworden. Ob Tilly geahnt hat, dass ausge-

rechnet Geographie einmal ihr und hundert weiteren Menschen die entscheidende Überlebenschance eröffnen würde?

Was habe ich schon früh gelernt? Was zu wissen ist mir heute noch wichtig? Was hat sich über meine Schullaufbahn hinaus als tauglich und wichtig erwiesen? Ich schreibe es auf oder suche es in alten Schulunterlagen, wenn ich sie noch besitze.

# MEINE VIRTUELLE ADRESSE

*Wenn ich »im Netz« erreichbar bin,*
*wo bin ich wirklich?*

E-Mails abrufen und checken, erste Mails schreiben – das ist etwas, das ich tun kann, wo immer ich bin. Wer eine Mail von mir empfängt, dem scheine ich immer konstant die gleiche Person zu sein. Ich bin immer »da«, wo meine immer gleich lautende Mailadresse meine Herkunft angibt, die in meinem Absender erscheint. Mein Name – oder ein Spitzname –, immer derselbe, gleich, ob ich in einem Internetcafé in Freiburg sitze, an einem Hotelrechner in Mittelamerika, mit meinem Laptop auf einer Nordseeinsel oder ob ich mit dem Blackberry von unterwegs meine Nachricht schreibe und vielleicht selbst nicht mehr sicher bin, wo ich hingehöre.

Weiß denn ich, wer ich bin? Welche Konstanten in meiner Persönlichkeit könnte ich benennen? Weiß denn ich, wo ich stehe in meinem Leben?

Ein Rabbi, ein jüdischer Gesetzeslehrer, wurde einmal gefragt: »Wie ist es zu verstehen, dass Gott, der Allwissende, zu Adam spricht: ›Wo bist du?‹« Der Gesetzeslehrer antwortete: »In jeder Zeit ruft Gott jeden Menschen an: ›Wo bist du in deiner Welt? So viele Jahre und Tage von den dir zugemessenen sind vergangen, wie weit bist du inzwischen in deiner Welt gekommen?‹«

# NEBEN DER KIRCHTURMUHR

*Mich daran erinnern lassen,*
*dass ich über meinen Tagesstatus hinausgucke.*

Auf der Kirchstraße gibt es drei Glockentürme und eine Krankenhausuhr. Viertelstündlich läutet etwas. Den Kranken gibt es in der Nacht Zutrauen: Es geht weiter. Die Nacht vergeht, wie schlaflos auch immer ich sie zubringe. Wenn ich auch wach liege und nicht schlafen kann – die Welt hört nicht auf. »Die Zeit tickt die Ecken rund und tickt dich gesund«, singt der niederländische Liedermacher Herman van Veen. Eine neue Stunde, eine neue Hoffnung, ein bisschen mehr Heilung.
Hier wird greifbar, wer Herr der Zeit ist – und die Glocken schlagen den Menschen vor, sie mit Leben zu füllen. »Und Gott sprach: Ich lege meine Zeit in deine Hände«, schreibt der Stuttgarter Stadtdekan Michael H. F. Brock. »Zeit, das sind nicht die Stunden und Jahre. Zeit, das ist deine Liebe oder dein Hass. Gelebt oder vertan. Zeit, das sind deine Sehnsucht und dein Leben. Gesucht und gefunden.«
Die Uhr tickt – mich woher, wohin, näher an welches Ziel? Was lebe, was ersehne ich, was will ich finden?

# MIT JESSICA INS BÜRO, MIT FELIX AN DER HEBEBÜHNE

*Mein Umgang mit Kolleginnen und Kollegen.*

Wann fühlst du Glück?«, lautet eine Frage in einem Interview. »Wenn meine Arbeitskollegen zu mir halten«, sagt Andrea. Sie ist 1976 geboren und Autorin der Zeitschrift »Ohrenkuss«. Geschrieben wird die Zeitschrift von Menschen mit Down-Syndrom – wie zum Beispiel Andrea.

Solidarität ist gut. Ein Betriebsrat kann wichtig werden, wenn es Spannungen gibt. Immer wird man die eine Kollegin lieber mögen als die andere, dem einen Kollegen weniger häufig einen Kaffee ausgeben als dem anderen. Kleine und größere Konflikte unter Menschen, die zusammenarbeiten, sind an der Tagesordnung, und es tut allen gut, wenn sie gelöst werden können. Erfreulich, wenn ein Kollegium ohne Mobbingstrukturen miteinander auskommt.

Die Unmittelbarkeit eines Glücksgefühls, das der Zusammenhalt unter Kollegen auslösen kann, wird durch all dies nicht aufgewogen.

Wann hast du Glück gefühlt? – Als meine Arbeitskollegen zu mir hielten, und zwar in folgender Situation:

# VOR DEM VORGESETZTEN

*Machtspiel oder mitspielen?*

»Willst du den Charakter eines Menschen erkennen, gib ihm Macht«, sagt Felicitas von Elberfeld. Sie coacht »hohe Tiere« aus der Wirtschaft.
Gemachte Männer – müssen das immer Männer sein, die Macht ausüben? Gemachte Frauen – müssen sie mehr machen, damit ihre Macht auch wirkt und anerkannt wird?
Ich habe verschiedene Arten von Macht kennengelernt. Die eine ist die Macht, die sich immer gegen mich durchsetzt. Sie entsteht durch Druck, als hielte mich jemand immer unter seinem Daumen, ganz, ganz unten. Wer so Macht ausübt, hat Angst. Hat Angst davor, dass andere besser sein, ihm selbst gefährlich werden könnten, weil sie besser sind, mehr wissen, höhersteigen.
Eine andere Form von Macht ist eine, die sich für mich einsetzt. Sie schaut auf das, was ich kann, sie fragt nach. Sie übt keinen Druck aus, sondern nimmt unterschiedliche Kraftfelder wahr und versteht, sie so zu regulieren, dass ein gutes Gleichgewicht entsteht. Wer so Macht ausübt, ist sich seiner selbst sicher, häufig »charismatisch«, also von anderer Stelle begabt, da offen für eine Begabung, die man sich nicht selbst schenken kann.
Eine solche Macht ist noch keine Liebe. Aber sie lässt Raum dafür.
Welche Macht übe ich aus?
Wie gehe ich mit Machtmenschen um?

# BEIM GÄHNEN

*Burn-out oder Bore-out?*

Es ist eine Krankheit, als Diagnose von den Krankenkassen anerkannt, behandelbar, wenn man denn früh genug erkennt: Ich leide an einem Burn-out-Syndrom.
Das mittlerweile bekannte Syndrom hat, relativ neu, einen kleinen Bruder: das Bore-out-Syndrom.
Woher kommt es, dass man überhaupt darauf aufpassen muss, ob man an solchen Symptomen leidet?
Zum Beispiel Heinz. Er trägt Verantwortung, schiebt viele Überstunden, ist engagiert. Aber auch sein Vorgesetzter steht unter Druck, wirtschaftlichem Druck, Erfolgsdruck. Den gibt er an Heinz weiter. Meist unbewusst vermittelt er ihm das Gefühl: Was du leistest – mit allen Überstunden, mit all der Arbeit, die du mit nach Hause nimmst, mit all deinen guten Ideen, die du, Gott sei Dank, einbringst –, das ist immer noch nicht genug. So hat Heinz den Druck. Es drückt so lange, bis er nicht mehr kann. Er beugt sich dem Druck – das macht Rückenschmerzen. Er hechelt der Arbeit hinterher – das macht Atembeschwerden. Er kommt aus dem Takt – das greift das Herz an.
Und der kleine Syndrom-Bruder?
Zum Beispiel Henriette. Sie hat sich um eine Arbeitsstelle beworben, die hervorragend zu ihren Qualifikationen passt. Günstig, dass sie zu zeitlich so guten Bedingungen nach der Familienpause wieder ins Berufsleben finden könnte. Ihre Erfahrungen als Mutter könnte sie gut ein-

bringen – wer neben allem anderen immer auch noch drei Kinder logistisch betreuen, satt kriegen und nicht zuletzt emotional versorgen muss, hat gelernt, die eigene Zeit gut einzuteilen. Nur: Es gibt nichts einzuteilen. Sie könnte sich einbringen, aber sie bekommt keine Gelegenheit dazu. Die Arbeit reicht, um die Firma wirtschaftlich bestehen zu lassen – aber niemals, um Mitarbeiter sinnvoll zu beschäftigen. Der Chef hofft auf bessere Zeiten mit intensiverer Auftragslage und leistet sich untätige Angestellte, weil er es sich leisten kann. Henriette schiebt Arbeit von rechts nach links – das macht ziellos. Sie arbeitet langsamer, als sie könnte. Das fährt alle Körperfunktionen herunter. Sie macht alles Mögliche gleichzeitig – das führt zu Konzentrationsstörungen. Sie sitzt die Zeit ab – das geht auf die Knochen.

Bei jedem Gähnen frage ich mich: Muss ich mehr tun, als ich sollte und als mir zuträglich ist? Könnte ich mehr tun, als ich schon mache, damit ich ausgefüllt bin? Habe ich in meinem Arbeitsalltag eine gesunde Balance?

# BEI REINHOLD IN DER BAHNUNTERFÜHRUNG

*Einen Obdachlosen beschenken.*

Reinhold war eine Institution. Den langen Bart ab und zu erstaunlich sauber gewaschen, begegnete er Passanten oft auf dem Münsterplatz. Manchmal hatte er, ohnehin selten schlecht gelaunt, richtig gute Laune. Dann machte er Pause. »Der Kollege arbeitet«, sagte er dann. Wollte sagen: Der andere, ebenso ohne Obdach wie er selbst, ging mit umgedrehtem Hut auf Passanten zu und bat um Geld. Eines Tages, als es regnete, sah ich Reinhold, diesmal nicht gut gelaunt, auf dem Boden der U-Bahn-Station sitzen. »Arbeiten« tat weder er noch der Kollege. Ich ging zum Bäcker und kaufte ein Brötchen, das ich ihm leise hinlegte. Er sah mich über seinem langen Bart an und sagte kurze Worte, auf die ich bis heute immer noch hoffe: »Vergelt's Gott.«

Vergelt's Gott – wer hat das schon zu mir gesagt? Wem könnte ich es zusagen – heute?

# NEBEN DEM UNFALLWAGEN

*Ein kurzes Gebet,*
*wenn man selbst nicht helfen kann.*

Seit Marietherese einmal neben ihrer Tochter in einem Rettungswagen gesessen hat – die Dreijährige hatte eine Kanne mit heißem Wasser vom Tisch nehmen wollen und sich verbrüht –, kann sie kein Martinshorn mehr hören, ohne sich zu fragen: Wie geht es denjenigen darin? Ist es vielleicht auch ein Kind, dem der Rettungssanitäter einen Einmalhandschuh aufpustet und mit einem Gesicht bemalt? Dem er einen Stoffteddy schenkt mit einer roten Schleife um den Hals, so wie »Joshua«, der seit diesem schwarzen Tag als Tröster auf dem Bett der kleinen Tochter sitzt? Ist es eine Frau, um die ihr Mann bangt, der auf dem Sitz neben der Trage kauert und Stärke mimt, während er ihre Hand hält? Ist es ein einsamer Namenloser, von Passanten aufgefunden? Wie viel Sorgen, wie viel Hoffnung, wie viel Resignation, wie viel Angst, wie viel Schmerz befördert der Wagen gerade, der mit lautem Sirenenschrillen über die Kreuzung jagt?

Mehr kann ich nicht tun: Innehalten. Die Welt stoppen lassen wie die Autos an roten Ampeln. Und beten: »Gott, rette, wo wir nicht retten können.«

# IM EINKAUFSWAGEN

*Aktion »Ein Teil mehr«.*

Selbst wenn Erika B. Geld genug hätte – am Monatsanfang etwa –, sie würde nicht in den Supermarkt gleich bei ihr um die Ecke gehen. Denn Frau S., Frau L. und Herr M. würden in ihren Einkaufswagen schauen und vergleichen: So wenig also gibt es bei B. diese Woche zu essen. Nicht einmal Markensachen. Nur Billigprodukte. Darum geht Frau B. nie anderswo einkaufen als bei der »Tafel«. Die einen füllen den Einkaufswagen und prüfen die Qualität. Die anderen prüfen ihren Geldbeutel und entscheiden: Es reicht nicht, um alle Löcher zu füllen. Die einen kaufen »Ein Teil mehr« in Geschäften, die mit einer solchen Aktion die »Tafeln« oder andere Projekte für sozial schwache Menschen unterstützen. Damit schaffen sie die Selbstverständlichkeit für andere, die dort einkaufen, weil sie anders gar nicht könnten. Die anderen kaufen da ein – selbstverständlich, ohne sich schämen zu müssen. Ob du zu den einen oder den anderen gehörst: Sei selbstbewusst, dir selbst und der anderen bewusst.

# IN DER MEHLDOSE

*Haushalten als Nachahmen Gottes.*

Gott backt gern. Es steht in der Bibel. Daran erinnert die amerikanische Autorin Virginia Mollenkott. Mit dem Himmelreich ist es wie mit einem Sauerteig, den eine Bäckerin durchknetet. Gott ist also nicht nur in höheren geistigen Gefilden. Er ist dort, wo sich jemand um das leibliche Wohl der anderen sorgt, ist, wie die Mystikerin Teresa von Ávila dichtet, auch noch »mitten zwischen den Kochtöpfen«.

Das Bedürfnis nach Kleidung, Wohnung und Nahrung zu stillen ist gelebte Fürsorge. So beschreibt die Hauswirtschaftslehrerin Helga Deussen Meyer das, was ein Haushalt gestalten hilft: »Entstehung von Gemeinschaft, Lebensbewältigung, Erlernen von Rollen, Sinnstiftung, sorgsamer Umgang mit mir selbst und anderen – von der engeren Lebensgemeinschaft bis zur globalen Gemeinschaft. Es geht um Lebensgestaltung, Lebensqualität und Wohlbefinden in einem umfassenden Sinne.«

Wie die Schweizer Theologin Ina Praetorius sagt, würde man diese Tätigkeit in einem Haushalt viel besser »Daseinskompetenz« oder »Pflegekultur« nennen.

Und die Bäckerin hat mich in ihren Händen. Mit einer amerikanischen Frau bete ich: »Starke, braune Bäckerin Gott, ich bin dein geformter Laib.« Mache mich kompetent, um da zu sein, wo ich bin.

# IM WASSERGLAS

*Damit es rein bleibt.*

Ein Glas Wasser – wir haben eine ungefähre Vorstellung davon, wie ein Glas mit frischem Wasser auszusehen hat. Ein Glas Wasser – mit einem festen Verschluss und über 60 Jahre alt. Das Weckglas, gefüllt mit einem halben Liter Wasser, stammt aus dem Frühjahr 1945. Die Wasserversorgung in Essen-Borbeck war zum Kriegsende zusammengebrochen. Eine junge Mutter hatte nachts aus der Quelle im Borbecker Schlosspark geschöpft. Das Wasser kochte sie in ihrer Wohnung ein und nahm es mit, um ihren Zwillingen im Luftschutzbunker keimfreie Nahrung zubereiten zu können. Als die Amerikaner am 11. April in Essen einmarschierten, waren noch zwei dieser Gläser vorhanden. Die Mutter verwahrte sie als Andenken an die Kriegszeit. Eines davon findet man heute als Ausstellungsstück im Ruhr Museum Essen.

Ein halber Liter heile Welt – da, wo das Leben unheil ist. Ein halber Liter Urstoff des Lebens – da, wo das Leben bedroht ist. Ein halber Liter Fürsorge – Hoffnung gegen alles, was einen unüberwindlichen Damm zwischen mir und der Zukunft zu errichten scheint. Ein halber Liter Zuversicht: rein und gesund aus allen Kränkungen hervorgehen. Ein halber Liter Glaube – die Quelle des Lebens.

Ich gehe zu der Quelle, die meinem Wohnort am nächsten liegt. Ich schöpfe Wasser. Ich koche es ab und fülle es in ein Einmachglas. Einen halben Liter. Ich lebe.

# AM MUSIKGESCHÄFT

*Auf der Suche nach dem perfekten Ton.*

Einer probiert eine Querflöte aus, ein anderer ein elektrisches Klavier. Dazwischen das sehnend-seufzende Tönen einer Oboe. Einer Anfänger-Oboe, wie es leider scheint. Ein Junge, der ein Dreiviertelcello auspackt, erinnert mich an die Geschichte von dem Mann, der auf dem Cello nur immer einen einzigen Ton spielt, längere Phasen am Tag, an jedem neuen Tag. Seine Frau erträgt das eine Weile geduldig, bringt ihre Verwunderung – wie auch, vermute ich, ihr schwindendes Nervenkostüm – dann aber doch zum Ausdruck: Warum er denn immer nur diesen einen Ton spiele? Sie sehe immer Menschen, die auf diesem Instrument ihre Finger über verschiedene Töne bewegten, sogar über alle Saiten, die das Instrument zu bieten hat. »Diese Menschen«, antwortet ihr Mann, »suchen noch den perfekten Ton. Ich habe ihn schon gefunden.«
Wo sehe ich mich im Orchester? Will ich zarte Töne, eine Harfe spielen? Kräftige Paukenschläge und geheimnisvollen Trommelwirbel?
Und wo ist mein perfekter Ton? Wie klingt er? Welcher Klangteppich legt sich darunter?

# IM BRIEFKASTEN – WER WIRBT UM MICH?

*»Werbung« und »Umwerben« – ich möchte gewollt sein und bin es vielleicht schon?*

Stefan Lochner bekam um das Jahr 2007 herum regelmäßig Werbebriefe. Attraktive Angebote wurden ihm darin unterbreitet: etwa eine goldene Kreditkarte – exklusiv für Menschen wie zum Beispiel ihn, »die mehr erwarten«. Einer der Werbebriefe kam ausgerechnet von der Deutschen Post – auf einer gefälschten Briefmarke sollte Stefan Lochner fünf Fehler finden, dann winkte ihm eine »exklusive Belohnung«.

Die fünf Fehler hätte Stefan Lochner, selbst Maler, sicher mühelos gefunden. Die Frage ist nur, wie die um ihn werbenden Firmen denn ihn gefunden hatten: »Meister Stefan« starb 1451 in Köln, vermutlich an der Pest. Erwarten tut er nichts, weder »mehr« noch überhaupt etwas.

Wenn Firmen, die mir Werbung schicken, mir den Eindruck vermitteln: »Wir wollen genau Sie erreichen«, dann bin ich eher geneigt, zu reagieren. Aber so, wie ich scheinbar gemeint bin, so ist es auch Herr Hinz und Frau Kunz.

Wer wirbt um mich? Auch Menschen, wie es einmal jemand formulierte, »die ich gar nicht auf dem Zettel habe«, können versuchen, mich spüren zu lassen, dass sie mir gut sein, guttun, mit mir zu tun haben wollen. Also werfe ich meinen Zettel weg und schaue ins Leben …

# DIE KINDERZIMMERTÜR: ICH MUSS – ICH DARF MICH KÜMMERN

*Für Mütter (und Väter).*
*Es lohnt sich, was Sie investieren.*

Leben mit Kindern sieht nur in der Windelwerbung immer traumschön aus. Voll strahlendem Gefühl, voll Freude und Liebe. Da liegen Babys mit zartem Po nackt – ! – im Bett, und nichts geht schief. Weich gebettet und stimmungsaufgeladen weichgezeichnet. Im richtigen Leben kommt spätestens jetzt das oben raus, was unten nicht noch rauswill. »Im ganz normalen Alltag«, sagt die Autorin Angela Voß, »geht es nicht nur darum, emotionale Wärme herbeizuzaubern. Da heißt es, nein sagen zu können, zähe Erklärungen abzugeben, Spielsachen hinterherzuräumen, Essen zu kochen, die Waschmaschine auszuräumen, Fußböden zu schrubben, nachts immer wieder aufzustehen.«

Diesen Aufgaben widmen sich ungezählte Mütter und Väter, jeden Tag, jede Nacht. Vieles wiederholt sich ungezählte Male. Was sie tun, rechnet sich nicht. Von vielem, was sie tun, haben sie selbst nichts. Eltern können nicht wissen, ob in Zukunft Früchte trägt, was sie eingesetzt haben.

Es hilft, was sie den Kindern vermitteln: Jemand ist da für mich. Ich kann vertrauen.

# MIT VIER KINDERN AM KÜCHENTISCH

*Eigene Zeit für Tätigkeiten bereitstellen, die man sich sonst nicht ausgesucht hätte.*

Bei markanten Ereignissen der jüngeren Weltgeschichte gibt es ein »Mediengedächtnis«. Jeder Mensch, den man fragt, wo er war, als er beispielsweise die Nachricht vom Tod des Präsidenten John F. Kennedy gehört hat, kann dies in der Regel noch angeben – so er denn zu der Zeit schon gelebt hat.

Jüngere Menschen erinnern sich daran, in welcher Situation sie die Nachricht von den Anschlägen des 11. September 2001 empfangen haben. Ich weiß es auch noch genau. Die Nachricht überbrachte mir die Mutter zweier Kinder, die bei meinen eigenen beiden Kindern am Küchentisch saßen und phantasievolle Dinge aus Knete herstellten. Ich hatte weder Radio gehört noch natürlich das Fernsehen angehabt. Was die befreundete Mutter mir erzählte, wirkte wenig schlüssig. Ein Anschlag auf zwei Türme – aber doch auf ganz Amerika? Merkwürdig.

Hätte ich keine Kinder gehabt oder wäre statt mit dem dritten mit dem ersten schwanger gewesen, hätte ich Nachrichten gehört oder gelesen, wäre online gewesen, hätte jedenfalls mitbekommen: In dieser Stunde, in der ich beim Figurenkneten half, nahm die Welt einen entscheidenden Wendepunkt – ich hätte das natürlich lieber unmittelbarer mitbekommen. Mein Leben im Konjunktiv.

Im Indikativ war mein Leben eines, in dem ich nicht die Sinnlosigkeit eines terroristischen Anschlags mit betrachtete, sondern Kindern sinnvolle Tätigkeit, Förderung ihrer Kreativität, Schutz, leibliches Wohl und Gespräch bot. Auch das gibt es: Ich hätte es mir so nicht ausgesucht. Aber es war gut. Es hatte seinen eigenen Sinn.

# IN DER ERDE

*Wo ein Sämling träumt.*

Da ruht ein Sämling unter der Erdoberfläche. Dort wartet er auf seine Reife. Nur vermeintlich ist das stille Idylle. Das Wachsen ist ein steter Prozess und braucht Energie. Denn Unglaubliches wird dieser Sämling bald schaffen. Es wird sein, als setze er die Gesetze der Schwerkraft außer Kraft. Die Erde hebt sich unter dem Druck, mit dem sich dieses kleine Pflänzchen ans Tageslicht arbeitet.
Wo etwas im Verborgenen reift, da ist das behütete Geheimnis, das zart schutzbedürftig aufkeimende Pflänzchen, aber auch dies: eine starke Kraft, ein unbändiger Wille, ins Leben zu bringen, was gelebt werden will.
»Ich bin stark!«, sprach der Sämling und hob, Atlas gleich, die Erde auf die Schultern.

# VOR DEM PARFUMFLAKON

*Anziehung und Distanz.*

Ein Werbefachmann erzählte, zu welchem Zweck die Frau zur Zeit des Wirtschaftswunders »4711 – Echt Kölnisch Wasser« auftrug. Auch die Werbung funktionierte so, dass die Hausfrau dazu animiert wurde, einerseits gut zu duften, wenn der Mann nach Hause kam, ihn aber andererseits auch auf Distanz zu halten – eigener Duft, eigene Welt, eigener Bereich für Körper und Sinnesempfindung.
Das Bild der Frau also, die sich hemmungslos sinnentleert vom eigenen, mühsam überstandenen Alltag zu Hause dem sehnlich erwarteten Mann in die Arme wirft: Es hat offenbar noch nie gestimmt. Weder Pantoffeln bringen noch Tagesschau einschalten: Eine 4711-Frau tut wider Erwarten zuallererst etwas anderes. Sie sichert ihren Bereich, legt Wert darauf, dass der nicht plötzlich wesentlich schrumpfen muss, nur weil jemand anders seinen eigenen Freiraum reklamiert.
Ich lege meine Duftspur. Ich grenze meine Räume ab. Wo brauche ich Freiraum? Wo fühle ich mich bedrängt? Ich ändere es ab.

# VOR DEM KUCHENTELLER

*Jemanden einladen und den Tag versüßen.*

Ob als Lied, das Ernie einst in der Sesamstraße sang, oder zum Werbespot für einen Kuchen, den man lieb und lecker im Regal kaufen kann, haben manche es noch im Ohr: »Hätt ich dich heut erwartet, hätt ich Kuchen da, Kuchen da, Kuchen da.« Nicht immer kann man Menschen, die überraschend vor der Tür stehen, etwas anbieten und so auf ihren Besuch angemessen reagieren.

Die schwedische Autorin Kristina Reftel erzählt in einer ihrer Geschichten vom letzten Willen einer sterbenskranken Frau: Sie wollte mit einer Gabel in der Hand beerdigt werden. Denn immer dann, wenn Gastgeber bei einem Essen sie einluden, die Gabel noch zu behalten, während sie die Teller schon abräumten, wusste sie: Es kommt noch etwas Besonderes. Etwas Besseres. Ich darf noch etwas erwarten.

Wer sie in ihrem Sarg mit der Gabel in der Hand ansehen würde, sollte diese Botschaft erkennen: Ich hoffe noch auf etwas Besseres. Da kommt noch was. Ich bin freudiger Erwartung.

Es macht mich selbst gleich mit froh, jemanden einzuladen, gerade wenn und weil der- oder diejenige allein, traurig ist oder sich verloren fühlt. Kuchen dahaben. Vielleicht die Geschichte von der alten Frau mit der Gabel erzählen. Wenn ich jemanden einlade, um ihm das Leben zu versüßen, kann ich ihm diesen Vorgeschmack bieten: Es kommt – wieder – etwas Besseres.

# BEIM SPÜLEN

*Kommunikation »in einem Aufwasch«.*

Es fing schon vorgestern an: Da kam ich nach Hause, wollte die Spülmaschine ausschalten und ausräumen, die in der Zeit meiner Abwesenheit – wie ich hoffte – ihren Dienst geleistet haben sollte. Falsch gehofft: Sie hatte zwischendurch angehalten. Als ich den Knopf ein wenig weiterdrehte, lief das Programm zwar zu Ende. Gestern aber meldete die Familie in meiner Abwesenheit: Jetzt hat die Spülmaschine ganz den Geist aufgegeben – insofern man behaupten kann, dass eine Maschine einen Geist hat.

»Wir mussten alles von Hand spülen«, beschwerte sich meine jüngste Tochter.

Dass ihr das keinen Spaß machte, kann ich verstehen. Aber ich erinnere mich an Küchenszenen. Als Kind zu Hause vor der Anschaffung der ersten Spülmaschine, bei der meine Mutter dann zuerst nur lästig finden sollte, dass die Wellensittiche Mucki und Pucki ständig ihren Sand dahinterflügelten – ihr Käfig stand auf der Arbeitsfläche darüber. Bei Schulfreundinnen in deren ersten Wohnungen. Bei mir in meinem Studentenapartment nach einem ausgiebigen Abendessen mit Kommilitonen. An Onkel Franz, der so gern spülte und dazu immer die Initiative ergriff, wie er mit Anita den Abwasch nach der Taufe erledigte und dabei wie immer wunderbare Gespräche führte. Austausch, Weltwissen und Lebenskunde sozusagen »in einem Aufwasch« – ich habe fast vergessen, wie bereichernd das war.

Die Hände in Spülmittel zu baden – das pflegte nicht unbedingt die Haut, das konnte aber bei aller Belastung ein gepflegtes Miteinander sein.
Von Hand spülen. Es gab eine Zeit, als wir dazu immer noch Zeit fanden.

# AM WOHNZIMMERSCHRANK: MEIN HAUSALTAR

*Bewusst hinstellen, was mein Leben »heilig« werden ließ oder lässt.*

Vor einigen Jahren erschien in der Frauenzeitschrift »Allegra« die kurze Notiz, Hausaltäre seien wieder im Trend. Gedacht war da weniger an religiöse oder rituelle Gegenstände. Doch mit einem Hausaltar in einer abgeteilten Ecke in der Wohnung, einem besonderen Bezirk, ist man in der Nähe der Definition von »sanctus« als »abgeschieden«, »abgesondert«, »in besonderer Weise umgrenzt«. Sanctus. Heilig.

Die einen haben ein Holzbrett mit einer Heiligenfigur und einem Kreuz, andere eine Vitrine über dem Bett mit Gebetbuch und Rosenkranz darin. Wieder andere stellen ein Gebetsbänkchen in eine Zimmerecke und schmücken die Wand dahinter mit Kreuz und Palmzweig.

Mein Hausaltar – was kann darauf stehen? Was ist mir heilig?

# VOR TANTE PAULAS FOTO: DIE AHNENGALERIE

*Die mir vorausgegangen sind,*
*prägen mich auf eigene Weise – wie?*

Tante Paula hat dunkles lockiges Haar auf dem Bild. Fast wie ich. Wenn sie applaudierte, konnte sie sehr laut klatschen. Als Kind jagte sie ein Tiefflieger durch die enge Straße hinter ihrem Elternhaus – so lange, bis sie, am Bein angeschossen, von einem fremden Mann in ein Haus gezogen wurde. So wurde sie dies eine Mal gerettet. Keine Rettung mehr gab es für sie von einer seltenen Gehirnerkrankung. Etwa 20 Tabletten auf einmal bugsierte sie von der Handfläche in den Mund und schluckte sie mit einem Happs. Keine von ihnen konnte verhindern, dass sie schon mit 26 Jahren starb – neun Jahre, bevor ich geboren wurde. Ihr Bild hängt zwischen dem ihrer Eltern und dem der Eltern meiner Mutter. Nur meine Oma mütterlicherseits habe ich gekannt, die anderen Großeltern starben vor meiner Geburt. Und dennoch sind sie mir so nah. Sie begleiten mich in ihren Geschichten, die meine Geschichte sind, ihren Ansprüchen, die mir aufgegeben sind, ihren beruflichen Werdegängen, die meine Begabungen prägen, ihren Glaubensüberzeugungen, von denen ich Lieder singen kann. Denn meine Eltern haben mir viel davon erzählt. Was prägt mich von dem, was meine Vorfahren ausmacht?

# IN DER TISCHGEMEINSCHAFT

*Gemeinsame Mahlzeit contra*
*»etwas zu sich nehmen«.*

Gesund leben – dazu gehören gemeinsame Mahlzeiten. Das ist jedenfalls in Familien, wie man in einer der jüngsten Studien einer Krankenkasse lesen kann, eines der wichtigsten Erziehungsziele.
Beim gemeinsamen Frühstück kann man den Tag planen. Mittagessen findet häufiger nicht gemeinsam statt, sondern in unterschiedlichen Tischgemeinschaften – bei Berufstätigen im Kreis von Kollegen, bei Kindern in Kindertagesstätte oder Schule.
Gemeinsam zu essen fördert den Stoffwechsel, stillt mit der Erfahrung von bestärkender Gemeinschaft den Hunger nach Zuwendung. Man kann den Tag noch einmal gemeinsam betrachten. Vor allem berufstätige Mütter setzen nicht nur Kraft und Können, sondern auch Organisation und Zeitreserven ein, um einmal am Tag gemeinsam mit ihren Kindern essen zu können.
Aber auch ohne Familie: Eine Mahlzeit, die diesen Namen verdient – ein Mahl mit Zeit –, ist der Gesundheit zuträglicher als eine Knabberei vor laufendem Fernsehapparat. Das Frühstück stärkt, das Mittagessen füllt Reserven auf, ein bewusstes Abendessen lässt den Tag abschließen.
Am Tisch sitzen, gemeinsam oder zu bestimmten Zeiten zum Essen allein – das ist ein Ritual. Rituale stützen und bestärken. Sie helfen leben. Sie machen die Seele gesund.

# IM SCHLARAFFENLAND

## *Genuss-Sucht?*

Viele Menschen haben ein Gespür dafür, dass das Schlaraffenland möglicherweise kein guter Ort zum Wohnen wäre. Brötchen, die an Bäumen wachsen, und Brathähnchen, die einem durch die Luft geradewegs auf die Zunge fliegen, Zuckerzeug, das vom Himmel regnet, und Perlen an Sträuchern im Überfluss – wer soll das noch schätzen? Das Gespür ist goldrichtig. Der Wirtschaftswissenschaftler Heinrich Gossen hat dafür sogar eine Regel formuliert, sie heißt »das Erste Gossensche Gesetz«: »Die Größe eines und desselben Genusses nimmt, wenn wir mit Bereitung des Genusses ununterbrochen fortfahren, fortwährend ab, bis zuletzt Sättigung eintritt.« Heißt auf gut Deutsch: Irgendwann ist es mal gut. Man kann sich nicht stundenlang und an der stets gleichbleibend zugeführten Menge Wein, Pralinen, Rinderbraten oder Bulgur-Auflauf freuen. Ein Stück Schokolade kann mehr Genuss verschaffen als drei Tafeln hintereinander. Ein Glas Wein mit Freunden genießt man mehr als eine Flasche zu Hause allein.

# MIT DEM STÜCK SCHWARZBROT AUF DEM TELLER

*Fulbert Steffenskys Schwarzbrot-Spiritualität.*

Menschen sind es müde«, sagt der Religionspädagoge Fulbert Steffensky aus Hamburg, »in ausgeleuchteten Räumen zu leben, die kein Geheimnis mehr bergen.« Und darum sehnen sie sich nach Spiritualität. »Die Sehnsucht entsteht, wo der Mensch erkennt, dass er mehr braucht, als er hat.« Was aber kann und muss Spiritualität sein, damit sie die große Sehnsucht stillt – wie eine Scheibe gutes Schwarzbrot den Hunger?

Erstens: »Es gibt Dinge, die man nicht erwerben kann durch Suchen, durch Selbststeigerung und durch Selbstintensivierung.« An dem Versprechen, dass man es doch könne, kranken viele Angebote auf dem »Spiritualitätsmarkt«. Darum betont Steffensky den »Unterschied zwischen beabsichtigter und geschenkter Erfahrung«. Bei der beabsichtigten Erfahrung bleiben wir ständig unter dem Druck, auf der Suche nach Sinnangeboten sein zu müssen. Bei der geschenkten Erfahrung »brauchen wir uns nicht selber zu suchen, denn wir sind gefunden, ehe wir suchen«. Zweitens: Spiritualität ist geformte Aufmerksamkeit, Aufmerksamkeit dafür, dass Gott da ist und dass er im Menschen bei mir ist.

Und drittens: Spiritualität ist ein Handwerk. Man kann es erlernen, indem man sich darin einübt – für feste Zeiten und Orte sorgt, kurze Gebetsformeln lernt und wiederholt.

# MIT DEM STÜCK WEISSBROT AUF DEM TELLER

*Dagegen: unbrauchbar Esoterisches ausmustern.*

Spiritualität wird mitunter angepriesen, als sei sie ein Allheilmittel für Missstände, für Fehlendes und für Dinge aller Art, die schieflaufen im Leben. Meist aber klingt es, als könne man sie zu sich nehmen wie eine nicht belastende Zwischenmahlzeit, wie ein Stück Weißbrot zum Menü, Hauptsache, dass wenig daran zu kauen ist. Als »Soulfood« beschrieb der 2010 gestorbene Thomas Meurer solche Angebote auf dem meist esoterischen Markt, die sich von dem abgrenzen, was »Religion« meint, will und bedeutet.

Religion bringt für das Leben deshalb Gewinn, weil sie in eine Gemeinschaft hineinführt, eine Gemeinschaft, die stützt, begleitet, mitträgt. Spiritualität aber, so Thomas Meurer, läuft Gefahr, sich zu erschöpfen in »privater esoterischer Bauchnabelpulerei«. Sie darf nicht einfach nur das unbestimmte Gefühl geben: Hier wird dein Leben in Watte gepackt. Wenn Spiritualität mich nicht fordert, fördert sie mich nicht.

Ingeborg Bachmann hat das Brot, das Menschen zum Leben brauchen, einmal so beschrieben: Es soll zwischen den Zähnen knirschen und den Hunger erst wieder erwecken, bevor es ihn stillt. Bitter von Sehnsucht soll es schmecken.

Welche Sehnsucht knirscht mir zwischen den Zähnen? Wo kann ich sie so stillen, dass ich mit anderen gemeinsam auf eine Spur komme, die mich zu Gott führt – und nicht doch auf Treibsand, in dem ich immer nur im Kreis bloß die Spur zu mir zurück finde?

# IM FERNSEHSESSEL – ICH UND DIE WELT

*Was wähle ich aus – Panoptikum, Information, etwas zum Wegträumen? Was davon ist sinnvoll?*

Mein Freund Ricklef führt mittlerweile das Hotel, das seine verstorbenen Großeltern aufgebaut haben. Vor kurzem geriet ich auf eine Internetseite, die mir verriet, wie sich das Programm an seinem Geburtstag im Jahr 1957 gestaltete. Ich mailte ihm, welche zwei Sendungen seine Mutter verpasst hatte, als er geboren wurde. Seine Antwort sprach Bände: »Wenn ich mir dann von manchen Gästekids anhören muss, dass sechzehn Programme nicht ausreichen …«

Die einen wollen Sensation konsumieren. Ob das die Geschichte von einem mächtigen Mann und einem Zimmermädchen ist oder die Genesung eines jungen Mannes, der sich beim Sprung über ein Auto verletzte und gelähmt wurde, eine Beteiligung so, als sei man selbst dabei? »Früher hieß das noch ›Big Brother‹«, so verteilte ein Radiokommentator seine Spitzen gegen die Medienlust am Glück, an der Blamage, am Leid, am Thrill der anderen, alles nur einen Knopfdruck weit, zum Zappen nah.

Bei einem Besuch im Altenheim fand ich etwas Rührendes vor: die Fernsehprogrammzeitschrift der alten Zimmerbewohnerin. Für jeden Tag waren dort drei Sendungen ordentlich mit Kuli markiert – und ich bin sicher, sie hat diese drei geschaut, nicht mehr und nicht weniger. Eine Woche mit Programmzeitschrift, eine Woche ohne zielloses Zappen und ohne Zufallstreffer, eine Woche gezielte Auswahl, nicht mehr und nicht weniger – ob wir das schaffen?

# IM KINO

*Rolle rückwärts.*

Manche sagen, am Lebensende wird das eigene Leben, das wir jetzt so vor uns hin leben, wie ein Film an uns vorbeilaufen. Welchen Film drehen wir denn da gerade? Zeit für eine Pause, einen »Cut«, wie es beim Film heißt – einen Schnitt zwischendurch.
Hinter den Kulissen ist Gelegenheit, eine Frau danach zu fragen, die sich im Filmgeschäft auskennt. Die berühmte Schauspielerin Cameron Diaz war zu Gast bei Talkmaster James Lipton. Bei »Inside the Actors Studio« (deutsch: »Ungeschminkt«) interviewt er regelmäßig berühmte Schauspielerinnen und Schauspieler. Seine Fragen gehen in die Tiefe; Gäste im Publikum sind ausschließlich Schauspielstudentinnen und -studenten. Anschließend stand auch Cameron Diaz, wie alle Interviewpartner bei dieser Sendung, den Schauspielschülern Rede und Antwort.
Eine Studentin fragte sie, ob sie nach so vielen Filmen nicht einmal ein Stück auf der Bühne spielen wolle. Diaz lachte kurz und erläuterte dann: »Ich habe noch nie ein Stück von Anfang bis Ende gespielt. Wenn man einen Film macht, dann dreht man die erste Szene – aber das ist dann vielleicht ausgerechnet die Schlussszene. Die nächste ist dann etwas aus der Mitte, die folgende kommt später an den Anfang. Erst wenn schließlich alle Szenen gedreht sind, denke ich: Jetzt verstehe ich, um was es geht. Jetzt habe ich einen Schlüssel zu der Person.«

Film eben. Oder doch – wie im richtigen Leben? Lassen Sie es mal an sich vorbeiziehen, Ihr Leben, so wie es bis jetzt ist. Da sind Szenen, die geben gute Anfänge ab, Szenen, in denen etwas fortgesetzt wird, was aussichtsreich begann. Szenen, die vom Schluss erzählen, nach denen man nur noch das Wort »Ende« ersehnt. Setzen Sie mal Ihren Film zusammen, wie er bis jetzt gedreht wurde. »Verstehen kann man das Leben nur rückwärts, leben muss man aber vorwärts«, wusste schon der dänische Philosoph Søren Kierkegaard.

Halten Sie mal inne beim Vorwärtsleben. Versuchen Sie, Ihre Hauptrolle rückwärts zu verstehen: Haben Sie schon einen Schlüssel zu dieser Person?

# VOR MEINER TELEFONRECHNUNG

*Wenn man meine Kontakte und meine Bewegungen nachvollziehen kann.*

Beim Anblick des »Einzelverbindungsnachweises« meiner Telefonrechnung muss ich unvermittelt schmunzeln. Was diese Zahlenkombinationen doch alles über mich aussagen – ganz deutlich wird, wer mich oft am Tag anruft, von wem mein Herz so voll ist, dass im Schnitt alle zwei Stunden eine SMS davon künden muss.

Ich weiß, dass diese Daten dazu verwendet werden könnten, mein Profil herauszuarbeiten, meine Bezugspersonen – und bei meinem Mobiltelefon auch die Wege, die ich zurückgelegt habe, wenn ich denn von unterwegs aus jemanden anrief.

Die Polizei würde sich darüber freuen, dies alles über mich zu wissen, wenn ich denn gleich morgen zum Beispiel eine Bank überfiele.

Privatpersonen haben nicht unbedingt Anlass, sich ebenso darüber zu freuen. Das hat ein Verein untersucht, der sich »Chaos Computer Club« nennt und immer wieder dann seinen Finger hebt, wenn in Sachen Computer nicht weit genug gedacht wird.

Als es um die »Vorratsdatenspeicherung« im Interesse der Verbrechensbekämpfung ging, legte der »Chaos Computer Club« eine Untersuchung dazu vor. Mühelos lassen sich aufgrund der gespeicherten Mobiltelefonnummern Kontakttypen ermitteln. Beziehungspartner etwa, die häufig

und auch außerhalb üblicher Geschäftszeiten kontaktiert werden. »In gleicher Weise sind auch Kommunikationsmuster einer zeitlich befristeten privaten Beziehung (›Affäre‹) identifizierbar.«
Wenn jemand zu üblichen Praxiszeiten die Nummer einer Ärztin wählt, die auf die Therapie einer besonders schwerwiegenden und seltenen Erkrankung spezialisiert ist, lässt das Rückschlüsse auf den Gesundheitszustand zu.
Nicht nur die Verbindungsdaten, sondern auch Standortdaten können gespeichert werden. Das Mobilfunknetz ist in »Zellen« eingeteilt gleich einem Schachbrett, in dem jeder, der von irgendwo aus irgend sonst wen anruft, für den entsprechenden Zeitraum geortet werden kann.
Der »Chaos Computer Club« hat die Stellungnahme zur Vorratsdatenspeicherung mit einem Fallbeispiel illustriert. Verbindungsdaten wurden mit Gesprächszeitpunkt und -dauer aufgezeichnet. »Durch Sortieren der Verbindungsdaten nach Zeit und Kommunikationsrichtung lässt sich dann ein erster Überblick über die Beziehung der beteiligten Personen zueinander gewinnen.« Als nächster Schritt gestatten die Standortdaten, ein Bewegungsmuster herauszufiltern. »Anne Mustermann« telefoniert häufig mit einem bestimmten Mann, ruft auch bei einem Arzt an und bewegt sich zu einer Beratungsstelle, die bei unerfülltem Kinderwunsch hilft. Was Anne Mustermann nicht weiß, aber die Datenabfrage: Sie ist nicht die einzige Frau, zu der ihr Freund intensiven Beziehungskontakt unterhält. Ob sie uns leidtun muss?
Aber nun ich, am Abend des Tages, vor meiner Telefonrechnung.
Gehe ich sorgfältig mit meinen Kontakten um? Bin ich mir

meiner Beziehungen sicher? Habe ich schon einmal Menschen zu sehr in die Enge getrieben im Wunsch, intensiv mit ihnen in Kontakt zu stehen, auch gegen ihre Signale, bitte Distanz zu halten?

Wie war heute mein Bewegungsprofil? Habe ich mich tatsächlich ausreichend bewegt? Wo bin ich gewesen?

Mit wem habe ich gesprochen – und vielleicht auch: Mit wem habe ich nicht gesprochen, auch wenn ich es vorhatte? Wer war bei mir? Wer hatte die Absicht, mich zu besuchen? Wen habe ich zufällig getroffen? Wie war das?

# VOR MEINEM BÜCHERREGAL

*Lesen als Akt des bewussten Umgangs mit Gedanken, die mich anregen, weiterbringen …*

Eines Tages stand mein Schwager vor meinem Bücherregal und belächelte, dass ich so viel Überlegung hineingesteckt hatte, um alle meine Bücher in einer Regalwand unterzubringen. »Alle diese Bücher, die man gelesen hat und in die man nie mehr hineinsieht …«, schüttelte er den Kopf. Und ich widersprach ihm: »Da irrst du dich. In den meisten Büchern habe ich vermerkt, was mich besonders angesprochen hat. Ich habe mit den Büchern gelacht, geweint, mir darin Hilfe geholt. Es stehen darin Geschichten, innerhalb deren ich meine eigene Geschichte zu deuten gelernt habe.«
»Aus tausend grünen Spiegeln« sieht mich Katherine Mansfield an. Anne Tyler lehrt mich, mit den Sternen zu segeln und mit einem ausgestopften Hund bei John Irving zu landen. Die »Biologie des Menschen«, ein immer noch aufschlussreiches Schulbuch meiner Schwester, schaut von unten zu Astrid Lindgren auf. Meine Jugendbücher von Berte Bratt wispern ihre Botschaft, die mich in der ersten Liebe auf den richtigen Weg führte, bis ich den »Lippenstift auf dem Leib des Herrn« entdeckte.
Ich blättere ein Buch auf, das ich lange Zeit nicht mehr in der Hand hatte. Habe ich auf der ersten Seite mit Bleistift eine Notiz gemacht, eine Seite, ein Gedanke, etwas, das ich mir merken wollte? Heute begleitet mich, was ich aus dem Buch erfahren, gelernt, genossen habe.

# BEI SONNENUNTERGANG

*Wenn zum Feierabend noch so viel zu tun ist.*

Wer hält denn schon am Abend Rast.
Wer sitzt bei Brot und Obst und träumt,
wenn alles sammelt, wäscht und räumt.
Wer hält denn schon am Abend Rast.
Die Kühe sind längst leer gemolken.
Blutrot, so färben sich die Wolken.
Wer hält denn schon am Abend Rast.
Wer schüttelt da nicht Klumpen Erde
von seinem Schuh und folgt der Herde.
Wer hält denn schon am Abend Rast.
Wer macht denn nun nur Pause.
Wer geht da nicht nach Hause.

# BEIM ERSTEN WORT NACH LANGER ZEIT IN DER KNEIPE

*Mit wem will ich mich wieder versöhnen?*

Endlich wiedersehen – nach so vielen Jahren. Eine Fast-Food-Kette warb auf großen Plakaten dafür, diese Begegnung in einer ihrer Filialen zu feiern. Zwei Menschen sind darauf zu entdecken, die sich offenbar lange nicht mehr gesehen haben. »Alles Gute beginnt mit einem guten Kaffee.«

Zwanzig Jahre könnte es schon her sein. Ja, bestimmt so lange schwelt der Konflikt. Bierernst waren die Vorwürfe, die Norbert dir machte – und der Kaffeedurst hält sich in Grenzen. Der Mut ist gefunden, um ein Gespräch zu finden, endlich. Der Brief wurde beantwortet, der Hörer abgenommen, die Verabredung getroffen. Und nun schnürt die Beklemmung dir den Hals zu – nicht mal ein Schluck Wasser passt da durch. Und ob du ihn nicht brauchst, um Norbert reinen Wein einzuschenken?

Du holst tief Luft.

Mit trockener Kehle formen deine Lippen das erste Wort. Es lautet …

# NACHTS MIT DEM HUND IM WALD

*Eine Erfahrung mit allen Sinnen machen – gegen die Angst.*

Weil die Nachbarn einen Termin in einer anderen Stadt hatten, zu dem sie den Hund schlecht mitnehmen konnten, baten sie mich, mit ihm spazieren zu gehen und ihm etwas zu fressen zu geben. Abends schaute ich noch einmal auf das Nachbarhaus – alles war dunkel, der Hund, eine Retrieverdame, saß traurig im Eingang hinter der Glastür.
Wie sich hinterher herausstellte, waren die Nachbarn zwischenzeitlich zurückgekehrt, hatten sich um ihren Vierbeiner gekümmert und waren dann noch kurz zu einem Geburtstagskind in der Nachbarschaft zum Gratulieren gegangen. Mich aber durchfuhr ein Schreck: Das arme Tier! Einsam und wahrscheinlich mit einem dringenden Bedürfnis ... Ich schnappte den Schlüssel, öffnete die Tür – der Hund sprang mir begeistert entgegen. Hinterher sollte ich auch erfahren, dass die Nachbarn gerade nach Hause kamen, als ich mit dem Hund draußen unterwegs war – verwirrt und auf der Suche nach der Hündin, was sich aber später klärte.
Ich hingegen stapfte mit der Hundedame durch den Park. Diesen Gang hätte ich alleine kaum gewagt. Die Bäume knacken, ein Mensch ist noch unterwegs, einsam und alleine, der mir unheimlich gewesen wäre, hätte ich mich alleine auf den Weg gemacht. Aber ich hatte den Hund dabei. Die Luft war sommerlich, der Park in der Nacht wunder-

schön anzusehen, die Stille weit genug, dass ich meinen Gedanken nachgehen konnte.
Bereichert und aufgetankt mit nächtlicher Waldstimmung brachte ich den Hund zurück, beruhigte die Nachbarn …
Ich versuche, wieder eine Möglichkeit zu finden, mich ohne Angst im Dunkeln durch die Natur zu bewegen.

# AUF SEITE 17 IM TAGEBUCH

*Meinen Tag und mich selbst deuten als tägliche Übung – im Geist des Ignatius von Loyola.*

Der Künstler Philipp Keel hat ein Tagebuch entworfen, das schon fertig geschrieben ist. Der Grafiker begegnete damit der Not, die er empfand: immer weniger Zeit für immer mehr Aufgaben, immer mehr Information bei immer weniger Sinn. Der Besitzer muss nur noch ein paar Ergänzungen vornehmen. An einem Tag – für das Datum steht als Überschrift eine Schreibzeile zur Verfügung – werden dort zum Beispiel erst einmal drei Möglichkeiten zum Ankreuzen angeboten – aber nur eine Auswahl ist erlaubt: »Dein Tag war – unwiderstehlich/zurückgezogen/zum Hören.« Auf zwei Schreibzeilen muss die Tagebuchschreiberin erklären, warum. »Und die Zeit stand still, als …« Unvermittelt gibt ein Kurzzitat eine gedankliche Anregung: »Ein Sonnenaufgang kennt kein Lampenfieber.«

Ein großer geistlicher Lehrer, Ignatius von Loyola (1491–1556), empfahl für den Abend als Tagesrückblick – gerne auch für das Tagebuch – sein »Gebet der liebenden Aufmerksamkeit«.

Hier ist es »Keel Style« – zum Selbsteintragen.

Ich nehme wahr, dass es mir im Moment ______________ geht.

Jesus Christus steht gerade ___________ von mir, und ich schaue ihn an.

Jesus, hilf mir beim Ausfüllen: Wenn ich meinen Tag heute und mich darin mit offenen Augen und wachem Herzen wahrnehme,

erinnere ich mich an ______________________________

bin ich mit mir ______________________ umgegangen;

bin ich zu ___________ ziemlich ___________ gewesen;

Gott habe ich heute _______________________________

Ich habe Ermutigung – Trost – Hoffnung bei __________ gespürt und Misstrauen – Angst – Entmutigung, als ich __ ________

Ich bitte/danke für ________________, klage Gott mein Leid darüber, dass ___________________, und finde toll, wie er ______________________

Morgen kommt ____________ auf mich zu, dazu bitte ich Gott ___________________

# NEBEN MEINEM LEBENSPARTNER

*Wo gehöre ich hin – da, wo ich bin?*

Roland Breitenbach, ein Pfarrer aus Süddeutschland, hatte in seiner Gemeinde eine sinnvolle Einrichtung eingeführt: den »Ehe-TÜV«. Denn viele Eheleute bereiten sich auf das gemeinsame Leben vor, besuchen vielleicht ein Eheseminar, erarbeiten auch, wenn gemeinsame Kinder kommen, Konzepte des Zusammenlebens, überlegen, wie sie auch als Eltern ein Paar bleiben können – und dann, wie es im Gedicht »Sachliche Romanze« von Erich Kästner heißt, kommt »ihre Liebe plötzlich abhanden wie andern Leuten ein Stock oder Hut«.

Es passiert – und keiner kann immer genau sagen, wann und wie. Die Schriftstellerin Ingeborg Bachmann beschrieb das in einem Brief an den Kollegen Paul Celan, zu dem sie jahrelang eine Beziehung hatte: »Sag mir, wie kann ich bei Dir sein, wenn Du schon längst von mir gegangen bist. Mir wird so kalt bei dem Gedanken, dass das schon lang geschehen ist und ich es nicht gefühlt habe, dass ich so ahnungslos war.«

Auf welcher Seite des Bettes schlafe ich? Und gibt es Zärtlichkeit und Körperkontakt in der Beziehung? Ist »Beziehung« überhaupt das passende Wort? Wie gut bin ich in der Partnerschaft? Will ich mich darauf einlassen, meine Rolle zu hinterfragen, die Beziehung zu prüfen, daran zu arbeiten? Ist mir das meine Partnerschaft (noch) wert? Und wenn nicht: Gehöre ich dann noch hierher?

# ALLEIN MIT GOTT

*Das Nachtgebet bewusst aussuchen.*

Allein mit Gott war ich als Kind selbst abends nie, sind auch meine Kinder abends nicht, soweit ich es mitbekomme.

Abends war ich allein mit Gott und – meinem Vater. Es war ihm ein Bedürfnis, abends zu meiner Schwester und mir zu kommen, sich zu uns zu stellen und mit uns zu beten.

Heute vermute ich: Mein Vater war in diesem Moment »alleiner« mit Gott als zusammen mit uns. Es war sein Nachtgebet, für das er sicher hinterher, vor seinem eigenen Zubettgehen, viel zu müde war. Wir waren Anlass, aber nicht unbedingt der Grund für das, was er abends seinem Gott zu sagen hatte.

Was könnte ich heute zum Anlass nehmen, es Gott im Nachtgebet zu sagen? Was ist der Grund für mich, mit ihm zu sprechen?

# MIT DEM FINGER AM WECKERKNOPF

*Mein Wochenendritual.*

Ich treffe Elisabeth am Samstagmorgen beim Bäcker. »Das ist immer der schönste Handgriff am Freitagabend«, sagt sie. »Den Wecker ausschalten.«
Jeder Mensch – auch diejenigen, die noch am Samstag arbeiten müssen – hat ein solches Ritual, und sei es auch nur ein Knopfdruck. Den Schalter an der Zeitschaltuhr der Kaffeemaschine auf manuellen Betrieb schieben. Den Wecker ausstellen. Vielleicht: eine andere Tischdecke auflegen. Andere Kleidungsstücke wählen.
Während die Hand zum Weckerknopf geht, zum Schiebeschalter, zur Tischdeckenschublade, kann ich das im Kopf verknüpfen mit einem Gedanken, einem Wunsch, einem Gebet.
Mein Wochenendritual: Ich bitte darum, die Zeit nicht nur mit mehr freien Phasen, sondern auch mit mehr Sinn zu füllen, mit Ruhezonen, um mir selbst auf die Spur zu kommen.

# DURSTSTRECKEN

Wenn mein Leben ins Stocken gerät, dann wächst der innere Druck auf mich.
Ich habe das Bedürfnis, mir Luft zu machen, das Bedrückende von mir nehmen und eine Last in eine Aufgabe wandeln zu lassen, die ich tragen kann.
Wie kann das gehen?

# IN MEINER JACKENTASCHE: DIE MUSCHEL

*Fremdkörper veredeln.*

In einer Jacke, die ich längere Zeit nicht angehabt habe, fühle ich in die Taschen. Auf der linken Seite erfühle ich zwei harte Gegenstände. Was mag das sein? Ich taste, hole sie heraus und schaue sie mir an. Es sind zwei Muscheln – eine aus Plastik, eine am Strand gefundene Herzmuschel. Die Muschel aus Plastik war einer Süßigkeit beigepackt. Das Besondere: Ihre Hälften kann ich durch eine leichte Drehbewegung auseinanderziehen. Drinnen eine kleine Kugel, eine angedeutete Perle.

Die echte Muschel enthält keine Perle. Das wäre auch zu schön, um wahr zu sein – echte Perlen sind kostbar. Wenn ich daran denke, wie Perlen entstehen, dürften sie gar nicht so selten sein … Ein Sandkorn, das in eine Muschel eindringt, wird von ihr als Fremdkörper erkannt und mit Perlmutt umkapselt, Schicht um Schicht. Am Ende entsteht so eine glänzende Kugel. Aus einem Fremdkörper, einer Verletzung.

»Das Fremde in der eigenen Umgebung«, sagte der Journalist Peter Frey, »das ist nicht immer gut zu ertragen.« Ich brauche den Mut, es wahrzunehmen, es bei mir aufzunehmen, Mut, auch das Verletzende einzeln, Schicht um Schicht, zu umhüllen.

In der Kirche St. Nikolaus auf der Nordseeinsel Baltrum

besteht der Altar aus einer steinernen Muschelhälfte. Aus einem sich hingebenden Leidenden wird ein von Gott veredelter Erlöser. Ich habe eine Trostbotschaft: dass das, was als fremd und manchmal verletzend in mein Leben dringt, ungeahnte Verwandlungen erfahren kann.

# UNTER DER DECKE

*Wenn ich Angst habe.*

Ich zittere vor Angst. Mir ist nicht kalt – aber das Gefühl ist da: Angst. Vor einer falschen Entscheidung. Angst, den geliebten Menschen zu verlieren. Angst vor einer Prüfungssituation. Ich verkrieche mich unter der Decke.

Soll die Angst mich etwa lähmen?

»Angst«, sagt ein Zitat, »ist die Stiefschwester der Hoffnung.«

Ich singe mit einem Lied von Eugen Eckert: »Mein verlornes Zutraun, meine Ängstlichkeit bringe ich vor dich. Wandle sie in Wärme: Herr, erbarme dich.«

# AM SCHREIBTISCH: BRIEFE AN MICH

*Mein Trost, meine Aufgabe,*
*was ich mir vornehme und zusprechen will.*

Wer in Urlaub fährt, kennt den Effekt: Bei Meeresleuchten oder Alpenglühen will man die Welt verändern – und zwar die eigene. Mehr Pausen einlegen, organisierter arbeiten, mehr kreative Phasen nutzen und was noch nicht alles. Meist reicht ein halber Tag in der eigenen Umgebung, schon ist es wieder zappenduster.

Wer die lichten Momente und guten Vorsätze über die ersten kritischen Stunden hinaus in seinem Leben erhalten will, dem hilft der Brieftrick. Ein Brief an sich selbst beschreibt die kleinen und die großen Pläne. »Ich möchte jeden Tag …«, »Ich wollte immer schon … und mache das im Monat … wahr«. Der Brief wird verfasst, in einen Umschlag gesteckt, der Umschlag sorgfältig mit einem Datum versehen, verschlossen und an mich selbst adressiert am Arbeitsplatz niedergelegt.

# IN UNSERER KLEINEN STADT: DIE ANDEREN BEWUSST SEHEN

*Nach Thornton Wilder –*
*»wir blicken uns ja gar nicht an!«*

Es war eine schlichte Aufführung des Stücks »Unsere kleine Stadt« von Thornton Wilder. Ein hundert Jahre altes Theaterstück, nur scheinbar weit weg von der heutigen Lebenswelt. Viele meiner Kommilitonen spielten mit, eine Laienspielgruppe. Judith, blond und hübsch, spielte Emily – die starb schon in einem der ersten Akte.

Im dritten Akt kam sie zurück – und verkörperte glaubhaft, was sie im Tod gelernt hatte: Die Lebenden ahnen gar nicht, was es bedeutet, leben zu dürfen, sich zu begegnen und einander lieben zu können. Verloren steht sie in der heimischen Küche, unbemerkt – natürlich, eine Tote, unsichtbar – von ihrer eigenen Mutter. Diese kramt, geschäftig, ohne aufzublicken. Und da ahnt Emily, dass es kaum anders wäre, wenn sie keine Tote, sondern sichtbar, körperlich anwesend wäre: »Wir sehen uns ja gar nicht an!«

Ob wir, wie Thornton Wilder es durch sein Stück zu mahnen versucht, das Leben verstehen, während wir es leben?

So fangen wir an: Wir sehen einander, während wir einander begegnen …

# VOR DER VORSORGEUNTERSUCHUNG

*Angst vor einer Krankheit.*

Gleich, wie der Befund sein wird: Es gibt ungezählt viele dieser Geschichten, die ich von anderen kenne oder die mir – meist ungefragt – von anderen erzählt werden. So viele Geschichten. Und keine davon wird meine sein.
Je weniger Routine eine Untersuchung ist, je mehr begründeter Verdacht besteht, je engmaschiger die Kontrollen angeraten werden, umso größer ist die Angst.
Die Diagnose einer lebensbedrohlichen Krankheit zieht den Boden unter den Füßen weg. Das Ergebnis »im Moment ist noch alles gut« hinterlässt dennoch dumpf einen Schatten wie ein Damoklesschwert: Wird einmal das Ergebnis so sein, dass es das Leben bedroht?
»Das Wichtigste ist, sich vom Leben infizieren zu lassen«, sagte der 2010 gestorbene Regisseur Christoph Schlingensief.

# VOR DEM SPIEGEL

*Meinen Lebenslinien nachspüren.*

Beim Blick in den Spiegel geht es nicht unbedingt nur darum, den Teint zu kontrollieren und den Sitz der Kleidung zu korrigieren. Es geht auch um den Ausdruck der Augen, um eine Idee der Ausstrahlung, die der eigene Auftritt vor anderen wahrscheinlich vermitteln wird. Bei der Selbstprüfung vor dem Spiegel, so sagt es die Autorin Christina Calvo, geht es »um etwas weitaus Komplizierteres und Differenzierteres als um bloße Naturereignisse wie Poren, Pickel oder Falten. Es geht um die Erforschung der eigenen Befindlichkeit: um das Bild von sich selbst, mit dem man den Tag wird bestreiten müssen«.
Es geht um die Selbstwahrnehmung auch über den Tag hinaus. Mit dem Pfarrer Matthias Lemme frage ich mich: »Halte ich dem Blick meiner Augen stand? Kann ich ja sagen zu dem, was ich tue, zu dem, was ich nicht tue?«

# AM ORTSEINGANGSSCHILD

*Wie sind die Leute?*

Eine überlieferte Geschichte erzählt von einem alten, weisen Dorfbewohner, der am Ortseingang sitzt und jedem Fremden entgegensieht.
Da kommt wieder einer über die Straße gewandert, das Bündel auf dem Rücken, schaut das Dorf und den Alten prüfend an. Dann fragt er den Mann am Ortseingang: »Sag mal, guter Mann, wie sind die Leute hier im Dorf?« Der alte Weise neigt den Kopf und fragt zurück: »Wie waren sie denn dort, wo du herkommst?« Der Neuankömmling seufzt: »Ach, da, wo ich herkomme, waren die Leute unausstehlich. Darum bin ich weggegangen.« Da nickt der Alte bedenklich und sagt: »Ich fürchte, hier wird es genauso sein.«
Einige Tage später bietet sich das gleiche Bild, der gleiche Alte, der Fremde mit dem Bündel, der sich über die Straße dem Dorf nähert. Auch er stellt die Frage: »Sag mal, guter Mann, wie sind die Leute hier im Dorf?« Der alte Weise neigt den Kopf und fragt zurück: »Wie waren sie denn dort, wo du herkommst?« Der Neuankömmling nickt und spricht: »Ach, da, wo ich herkomme, waren die Leute alle freundlich zu mir, ich bin mit allen gut ausgekommen.« Da antwortet der Alte mit einem Lächeln: »Dann, glaube mir, wird dir das hier auch gelingen.«
Wie wirke ich auf andere? Bin ich umgänglich oder unumgänglich? Wie wird es beim nächsten Menschen sein, den ich neu kennenlerne?

# ANDERSWO

*Ob das Leben anders sein kann?*

Der Verein »Andere Zeiten« in Hamburg, der sich der Pflege des Kirchenjahres mit Hilfe neuer Impulse widmet, vertreibt unter anderem »Karten nach Anderland«. Das sind Postkartensätze, die aus unterschiedlichen Stimmungen und unter verschiedenen Eindrücken aus dem Urlaub an die Daheimgebliebenen verschickt werden können, in den Alltag, eben – aus Urlauberperspektive – nach Anderland.

Filmregisseure, Coachingfachleute, Gastronomen und Demenzforscher nennen ihre Angebote »Anderland«. Immer ist etwas anders als das, was ich gerade erfahre.

An Anderland grenzen noch weitere Länder mit besonderen Namen. »Neverland« ist so eines, das Land von Peter Pan, der nie erwachsen werden wollte, gleichzeitig der Name der Ranch von Michael Jackson, der damit pleiteging, mit dem Kinderparadies zudem als zweifelhafter Kindergönner negative Schlagzeilen machte.

Anderland und Neverland – auf keiner Landkarte sind diese Gebiete zu finden und auf irdischem Weg nicht zu erreichen, glauben Menschen, die sich mit dem Wohnort der Feen und Elfen beschäftigen.

Anderland – wo wollte ich denn hin? Anderland – wäre das eine Perspcktive, auf einmal in ein Land zu ziehen, in dem alles geändert wäre? Manches wäre wie von mir erträumt, mancher Missstand aufgehoben. Aber was wäre

mit den Dingen, die anders wären, mir aber nicht gefielen? Die mir schaden, sich meinem Einfluss entziehen und die ich daher nicht nach meinen Vorstellungen verändern kann?
Will ich nach Anderland?
Ein Buchtitel der polnischen Autorin Maria Nurowska lautet: »Ein anderes Leben gibt es nicht.« Es handelt von Wanda und Stefan. Sie lernen sich kurz nach dem Zweiten Weltkrieg kennen, heiraten, bekommen ein Kind – doch die Ehe wird unglücklich und am Ende geschieden. Als Stefan schließlich einsam in Warschau lebt, erhält er Briefe von seiner verstorbenen früheren Frau. Da erkennt er die Chancen, die er gehabt hätte und verspielt hat. »Wie soll ich es erklären«, fragt er, »dass ich den Menschen auch etwas von mir hab geben wollen. Ich hab keine Zeugen, keiner wird mir glauben.« Am Ende steht die Erkenntnis: »Man hat nur ein Leben, ein anderes wird es nicht geben.«
Ich überlege, was über den heutigen Tag in einem Brief an mich stünde. Welche Chancen würde der Brief beschreiben? Was wäre – auch zwischen den Zeilen – davon zu lesen, wie ich sie genutzt oder verpasst habe? Wer wäre mein Zeuge?
Ein anderes Leben gibt es nicht. Ich übernehme in diesem Verantwortung dafür, was ich tue, wie ich mein Leben gestalte, welche Gelegenheiten ich nutze.

# AUF DEM DRITTEN STUHL VON LINKS IM WARTEZIMMER DER INTENSIVSTATION

*Angst teilen und einander Gott zusagen.*

Ich kam vom Besuch bei meiner Tante, an ihrem Bett auf der Intensivstation, in den Wartebereich zurück. Meine Tante lag im Koma – schließlich ist sie auch gestorben – und gab kaum noch Lebenszeichen. Die Menschen in dem Wartezimmer zu sehen, sich in sie hineinzuversetzen, hatte immer etwas intensiv Verbindendes. Zwischen Kittel, Kaffeeautomaten, Desinfektionsmittel und Spindschrank entstand bei aller Kälte des Raumes schnell eine Verbindung. Auf einem Stuhl, im grünen Kittel, mit sehr traurigem Blick, saß ein etwa mir gleichaltriger Mann mit dunklem Haar und dunklen Augen. »Sieht es bei Ihnen nicht gut aus?«, fragte ich. Er bat mich, Englisch mit ihm zu sprechen. Ich wiederholte meine Frage. Sofort antwortete er: »Nur noch Gott kann helfen.« Ich schaute ihn zögernd an. »Ich vermute zwar«, sagte ich, »dass wir nicht das Gleiche meinen, wenn wir von Gott sprechen …« Er schüttelte kurz den Kopf: »Doch. Es gibt nur den einen.« Ich atmete spontan auf und sagte: »Ich bete für Sie.« – »Und ich bete für Sie.« So ging ich.
Ich bete heute noch für ihn. Und für …

# AN CHRISTINAS GRAB

*Meine Trauer zulassen und mich*
*von denen führen lassen, die gestorben sind.*

Hier knie ich, an deinem Grab auf einem kleinen Friedhof in Berlin. Das Grabmal ist neu, ich kenne es bisher nur vom Foto. Darauf ein großes hölzernes Kreuz. Dein Mann hatte es für euer Familienbriefpapier als Logo entworfen. Nun liegt es hier und schützt dich. Ich muss es anfassen, es berühren, als wäre es eine Brücke zu dir, von Freundin zu Freundin.

Lebendig macht es dich nicht, näher bringt es mich dir nicht. Was ich von dir habe, ist vielleicht viel – mehr, als andere Menschen von ihren toten Lieben haben: Briefe, die du mir geschrieben, Bilder, die du mir gemalt hast, Fotos, die dich zeigen, geteilte Erfahrungen, Ansichten, Jugendsorgen, Jugendlieben, Erinnerung. Töne und Klänge habe ich noch im Ohr von gemeinsam musizierten Stücken. Deine Stimme und dein Lachen, manchmal höre ich sie noch. Aber wie fest ich dein Grabmal auch umschließe – deinen Rat, der mir so wichtig war, höre ich nicht.

Du hattest klare Positionen, du vertratest sie, darauf konnte ich mich beziehen. Nun muss ich mich positionieren, ohne deine Einschätzung zu hören, ohne deine Meinung zu prüfen.

Hier knie ich an deinem Grab. Ich weine – natürlich weine ich, du bist nicht mehr da. Und bei alledem kommen mir

deine Worte in den Sinn, die du über deine Mutter schriebst, die ähnlich früh sterben musste wie du selbst: »Und trotzdem fühle ich, dass du mich nicht allein lässt.«
An welches Grab möchte ich gehen? Welche Trauer liegt mir noch unbearbeitet auf der Seele? Mit wem kann ich darüber sprechen? Wo finde ich dafür den geeigneten Ort?

# AM GEDENKSTEIN

*Gegen das Vergessen: Opfer im Recall.*

Das Vergessenwollen verlängert das Exil, und »das Geheimnis aller Erlösung heißt Erinnerung«. Diese chassidische Weisheit eines jüdischen Geistlichen aus dem siebzehnten Jahrhundert zitierte der damalige Bundespräsident Richard von Weizsäcker in seiner vielbeachteten Rede zum vierzigsten Jahrestag des Kriegsendes im Jahr 1985. Diese Rede setzte einen Wendepunkt für das Erinnerungsbewusstsein in Deutschland – sie rückte Dinge in richtige Zusammenhänge, die an jede Gedenkstätte gehören: Erinnerung, Trauer, Verantwortung und Gedächtnis. Dinge, die genau dort häufig durcheinandergeraten.

»Das Geheimnis aller Erlösung heißt Erinnerung.« So wichtig dieser Satz ist – er birgt eine Gefahr. Man darf ihn nicht für sich vereinnahmen, wenn man nicht selbst zu denen gehört, die einer Situation entronnen sind oder tatsächlich einen persönlichen Verlust mit dem verbinden, dessen an einem Mahnmal gedacht wird. Sonst gerät der gute Wille dort gleich auf die schiefe Ebene.

Die Historikerin Ulrike Jureit schreibt im Buch »Gefühlte Opfer« davon, »wie peinlich Gedenkveranstaltungen und Mahnmalseinweihungen sein können« – wenn nämlich Menschen mit großem Pathos von den Opfern sprechen, deren dort gedacht wird. Worte und Gesten sagen: Wir sind auf der Seite der Verlorenen, der Verratenen, der

Guten. Rückt das Erinnern also nur die Erinnerer in das falsche Licht? Erlöst das Erinnern demnach nicht?
Der Glaubensgedanke, dass das Erinnern erlösende Kraft hat, entstammt der Erinnerung an das babylonische Exil. Die Opfer selbst, also die aus der Heimat Israel vertriebenen Angehörigen des jüdischen Volkes, sollten sich nicht nur an das Exil, an die Gefangenschaft, an die Lebensumstände fern von ihren Heiligtümern erinnern, sondern auch an die Botschaft der Propheten: Wenn ihr euch nicht zu Gott umkehrt, dann kehrt er sich von euch ab, dann geht es euch schlecht. Da nun die Vertreibung in die babylonische Gefangenschaft erfolgt war, bedeutete dies »Mittäterschaft«. Wer von seiner Heimat vertrieben wurde, war als Opfer dieser Vertreibung gleichzeitig als »Täter« verantwortlich für sein eigenes Schicksal. Davon konnte nur die Erinnerung – Erinnerung aus Opferperspektive – auf Dauer erlösen: die Erinnerung als Mahnung, dass solche Erfahrung nicht wieder gemacht werden muss, die Erinnerung daran, dass Gottes Wort gilt und Beziehung für eine gemeinsame Zukunft mit ihm stiften will, »Erinnerung nach vorn«, wie der katholische Theologe Johann Baptist Metz sie nannte.
Wer sich erinnert, trägt Verantwortung. »Verantwortung bedeutet nicht Schuld. Verantwortung bedeutet Erinnerung, um die Zukunft gewährleisten zu können«, sagt der ehemalige israelische Botschafter in Deutschland, Avi Primor.
Welchen Unrechts am Ort einer Gedenkstätte gedacht wird – sei es der Holocaust, sei es der Überfall auf den engagierten Dominik Brunner, der sich schützend vor bedrohte Jugendliche stellte und in der Folge selbst starb –,

es bleibt im Gedächtnis der Glaubens-, Lebens- oder Volksgemeinschaft, die es betraf. Der Soziologe Norbert Elias spricht vom »record«, also von dem, was im Gedächtnis aufgenommen wurde. Erinnerung dagegen, erläutert der Psychoanalytiker Christian Schneider, ist »recall« – und das nicht unbedingt im Dieter Bohlenschen Sinne. Recall – das meint »das Ritual einer Wiederaufrufung, in der sich etwas erneuert, um es gegenwärtig zu halten, um eine Wunde offen zu halten, ihre Heilung zu verhindern«.
Erinnerung ist damit genau das Gegenteil der Trauer. Ziel eines Trauerprozesses ist es, einen Verlust zu bearbeiten, bis man ihn akzeptieren und überwinden und selbst zurückkehren kann ins Leben. Wie Norbert Elias formuliert, ist die Trauer immer persönlich – »ich [trauere] ganz besonders um die meinen und andere um die ihren.«
Warum also stehe ich hier, an dieser Stätte? Welche Gefühle sind in mir? Welches Gefühl ist angemessen, welches lasse ich zu?

# MIT DER HAND AN EINER ECKE DES SARGS

*Keine Angst davor, einen Trauernden anzusprechen, zu begleiten, ihn zu hören.*

Im Film »Tatsächlich Liebe« sieht man den Schauspieler Liam Neeson, der einen frisch verwitweten, jetzt alleinerziehenden Vater mimt. In der Kirche hält er den Nachruf auf seine Frau, aufgebahrt ist sie im Sarg einige Meter vor ihm. Zwischen Traum, Resignation vor ihrer Krankheit und dem Bemühen, dennoch launig die Trauergemeinde zu unterhalten, lässt er das Wesentliche von »den unvergesslichen Bay City Rollers« sagen: Zu ihrer Musik »Bye, bye, Baby« treten drei weitere Sargträger in den Mittelgang, der Witwer packt wie sie an einem Ende an. Fest und fester schließt sich seine Hand um das Holz. Alle Zärtlichkeit, die er ihr nicht mehr geben, alle Hilfe, die er nicht mehr von ihr empfangen kann, alle Gemeinsamkeit, die unwiderruflich beendet ist, alle Liebe, die ins Verborgene geht, stecken in dieser Geste.
Trauer ist Liebe. Sie versteckt sich in vier Wänden, hinter einem Lachen, gleich nebenan. Trauer ist Arbeit, Trauer ist unverständlich, Trauer macht wütend. Trauernde verletzen. Was dahintersteckt, erfahre ich, wenn ich mit einem Trauernden spreche. Gehe ich der Trauer auf den Grund?

# MIT EINEM SEUFZER

*Was bleibt von meinen Erfahrungen?*

Morgens lese ich in der Zeitung eine Todesanzeige. Da ist ein Mann namens Jörg gestorben. Ich kenne ihn nicht, doch die Formulierung der hinterbliebenen Familie macht mich stutzig: »Wir behalten dich so in Erinnerung, wie du in deinen glücklichen und gesunden Tagen warst.«
Und ich stelle mir vor, Gott würde dieser Familie einen Beileidsbrief schreiben. »Tut das, wenn Ihr es für richtig haltet«, würde er schreiben. »Aber ich tue etwas anderes. Ich halte ihn lebendig, so wie er war – mit allem, was ihn ausmacht, in guten und in schlechten Zeiten seines Lebens.«
Denn ich glaube es so, wie es der Theologe Wilhelm Breuning über Gott sagt: »Gott liebt mehr als die Moleküle, die sich im Augenblick des Todes im Leib befinden. Er liebt einen Leib, der gezeichnet ist von der ganzen Mühsal, aber auch der rastlosen Sehnsucht einer Pilgerschaft, der im Lauf dieser Pilgerschaft viele Spuren in einer Welt hinterlassen hat, die durch diese Spuren menschlicher geworden ist ...«
Darum würde Gott seinen Brief an die trauernde Familie von Jörg so fortsetzen: »Als er krank und verzweifelt war, war er manchmal mehr er selbst als an den Tagen, an denen er noch sorglos den Alltag hinter sich brachte. Ich kenne seine Nöte und noch den dunkelsten Winkel seiner Angst. Das ist weder vergessen noch verloren. In dem Moment, als

er es durchleiden musste, gehörte auch das zu seinem Leben. Ich habe ihn erlöst, aber keine einzige seiner Erfahrungen einfach ausradiert.«

Und Wilhelm Breunings Worte sind mir im Ohr, als Trost auch für mich selbst: »Alle Tränen hat er gesammelt, und kein Lächeln ist ihm weggehuscht. Auferweckung des Leibes heißt, dass der Mensch bei Gott nicht nur seinen letzten Augenblick wiederfindet, sondern seine ganze Geschichte.«

# AUF DER TANZFLÄCHE

*Herauslassen, was sich in mir angestaut hat.*

Sie mag Musik nur, wenn sie laut ist«, so besang Herbert Grönemeyer, wie eine gehörlose junge Frau die Musik empfindet. »Wenn sie ihr in den Magen fährt. Sie mag Musik nur, wenn sie laut ist, wenn der Boden unter den Füßen bebt.«

Manchen Menschen geht es ähnlich, obwohl sie die Musik gut hören können. Wenn der Boden bebt, der ganze Körper fühlbar spürt, wie der Rhythmus ist, dann lassen sie es raus – tanzen auf Tanzflächen, im Wohnzimmer, auf dem Strand.

Tanzen kann erkennen helfen. Das besang schon Mechthild von Magdeburg, eine Mystikerin aus dem dreizehnten Jahrhundert, in ihrem Werk »Fließendes Licht der Gottheit«. Sie wollte damit beginnen, mitten in die »Minne«, in die »Liebe« zu tanzen:

*»Ich tanze, Herr, wenn Du mich führst.*
*Soll ich sehr springen, musst Du anfangen zu singen.*
*Dann springe ich in die Minne,*
*von der Minne in die Erkenntnis,*
*von der Erkenntnis in den Genuss*
*über alle menschlichen Sinne.*
*Dort will ich verharren*
*und doch höherkreisen.«*

# VOR DER DOSE HAUTCREME

*Welche Spuren die Freude hinterlässt.*

Vor Jahren schon sagte eine Kosmetikerin zu mir: »Passen Sie auf – da sind zwei Falten, die wollen ganz tief in Ihre Haut rein.«

Auf den Hinweis hin cremte und pflegte ich, damit meine Haut satt getränkt und genährt wurde – und doch: Die Falten sind da. Aber nicht als verhärmte Spuren der Enttäuschung, sondern als Zeugen mancher kleinen Freude. Ich habe es ausprobiert vor dem Spiegel: Wenn ich traurig bin, sind sie kaum sichtbar, wenn ich lache, zeichnen sie sich deutlich ab. Wie reagiere ich denn jetzt? Nicht mehr lachen? Den Mund zu einem Dauer-O geformt lassen und fleißig weiterschmieren?

»Humor ist der Milchbruder des Glaubens«, sagte der jüdische Philosoph und Theologe Martin Buber. Freude und Vertrauen speisen sich aus der gleichen Quelle. »Humor« – das hat mit dem »Humus« zu tun, dem satt getränkten Nährboden, auf dem Leben wachsen und gedeihen kann. Der »Milchbruder« Glaube aber ist immer auch ein »Dennoch« gegen die Erfahrung, dass das Leben keine pausenlose Comedy-Show ist.

Ich trage lieber Spuren der Freude, des Vertrauens, der Lebensquelle, aus der ich mich speise.

Was bringt mich zum Lachen? Und woher beziehe ich die Kraft, mich gegen alle Enttäuschungen am Leben freuen zu können? Ich führe zwei Wochen lang eine Liste …

# IN MEINER DOKUMENTENMAPPE

*Was ich kann und bin.*

Im Roman »Ich schlage vor, dass wir uns küssen« von Rayk Wieland steigt die Hauptfigur, »W.«, nach der »Wende« unerwartet zum vorher unerkannt-unterdrückt lebenden Untergrunddichter auf. Schließlich erhält er auch Einblick in seine Stasi-Akte. Er beginnt zu blättern und bedankt sich beim Ministerium für Staatssicherheit: Auch das, was er selbst nicht an Belegen, Dokumenten, Nachweisen aufbewahrt hat, ist hier säuberlich in richtiger Reihenfolge lückenlos abgeheftet – wunderbare Voraussetzung für die Rente …
Was in der Akte steht, hat nicht mehr viel mit seinem Leben zu tun. Kein Wunder: Unrechtmäßig beschaffte Information, unzutreffend kommentiert – das muss ja schiefgehen.
Meine Dokumentenmappe kommt mir in den Sinn. Abiturzeugnis und Impfausweis, Mutterpass und Diplom, Vorsorgevollmacht und Praktikumszeugnis.
Ihr Inhalt liefert den einen gute Gründe dafür, warum sie mich beschäftigen, behandeln, befördern.
Die anderen lesen zwischen den Dokumenten und erkennen, warum sie mich mögen, begleiten, fordern.
Und noch wieder anderen ist egal, welche Fähigkeiten ich beherrsche. Solange es nur guttut, mit mir zu tun zu haben.

# VOR DEM SPECKSTEIN

*Gestaltungsräume.*

Wie sich die Bilder gleichen. Meine Tochter schenkt mir ein Kunstwerk. Einen Bären. Ich plaziere den Bären auf der Fensterbank an meinem Arbeitsplatz. »Was ein schöner Alabasterstein«, sagen meine Kollegen. »Ja«, antworte ich. »Ein Bär.«
Ich weiß – mein Speckstein vor 30 Jahren sah auch nicht nach dem Elefanten aus, der für mich darin lebte und den ich meinte herausgearbeitet zu haben. Heute aber weiß ich schon: Ich kann nicht immer alles gestalten, was ich mir wünsche.
Ich versuche mich wenigstens am Rüssel, wenn ich auch den Rest nicht schaffe.

# AUF DER BANK

*Mein Wert jenseits des Geldes.*

Diskretion. Bitte Abstand halten. – Der Abstand ist ohnehin da. Ich stehe in der Reihe zwischen der Geschäftsfrau, die Probleme mit ihrem Schließfachschlüssel hat und den Börsenteil der Zeitung sicher auch deshalb liest, weil mit der DAX-Kurve ihr eigenes Kapital steigt oder fällt, und dem schlecht riechenden jungen Mann, dessen Wohngeld nicht auf dem Konto eingetroffen ist.

»Was bin ich wert?« Der Autor Jörn Klare, geboren 1965, hat sich mit seinem gleichnamigen Buch auf eine Suche begeben. Den reinen Materialwert eines Menschen ermittelte er, indem er die Substanzen, aus denen er besteht, in einer Apotheke zusammenstellen ließ: So »kostet« ein Mensch 1022,43 Euro. Der Po von Jennifer Lopez hat einen Versicherungswert von 425 Millionen Euro, eine Niere in Indien als Transplantationsorgan ist indes schon ab 300 Euro zu bekommen. In einem satirischen Wirtschaftskommentar wunderte sich der Journalist, dass für 33 Einheiten »Humankapital« jeweils etwa 48 000 Euro aufgebracht wurden – so viel kostete die legendäre Rettung der verschütteten Bergleute in Chile im Oktober 2010.

In der Bibel steht: »Denkt daran, dass ihr nicht mit vergänglichem Silber oder Gold erlöst seid von einem Leben ohne Sinn, sondern mit dem teuren Blut Christi« (Erster Petrusbrief 1,18). Für wen viel bezahlt wurde, der oder die ist unbezahlbar.

# IM BEICHTSTUHL

*Die Chance nutzen, die Seele zu reinigen.*

Es spielt keine Rolle, wann du zuletzt hier warst.
Oder warum.
Es spielt keine Rolle, ob du überhaupt je hier gewesen bist.
Es spielt keine Rolle, was du getan hast.
Etwas Schweres oder nicht der Rede wert.
Es spielt keine Rolle, wenn du nach Worten ringst.
Da sitzt wer und hört.
Hört auch, was du nicht sagen kannst,
weil es dich zu sehr belastet.
Jesus nimmt dir die Last vom Herzen.
Jesus nimmt sie auf sich.
Jesus macht dich frei, damit du neu anfangen kannst.
Da draußen.
Komm herein.
Hier ist Hilfe.

# VOR MEINER UNORDNUNG

*Wer Platz schafft, ist offen für Neues –*
*und das kommt sicher.*

Eine sichtbare Tischplatte, Ordnung in den Unterlagen, Übersicht im Kleiderschrank. Klarheit nicht nur in den eigenen vier Wänden, sondern auch im Kopf, Klarheit in der Seele. Es befreit, Überflüssiges wegzuräumen. Es schafft Entspannung, nicht lange suchen zu müssen, was gebraucht wird. Es ist ein gutes Gefühl, Raum so gestalten zu können, dass es dem Auge guttut.

Freie Flächen – freie Bahn. Einige Menschen haben das schon erlebt: Immer dann, wenn sie nach längerem Zögern etwas aus ihren Wohnungen entfernt haben, das Platz wegnahm, das störte, das Zeit und Raum beanspruchte, ergab sich etwas Neues – füllte sich das Leben an einer Stelle neu mit Sinn, wartete eine neue Aufgabe.

Und diese Aufgeräumtheit lässt sich sogar noch einen Schritt weiter denken. »Was kann auf den Sperrmüll der Lebensgestaltung?«, fragt Stephan Schaede. »Was darf und sollte ich endgültig vergessen?«

# IM GEBURTSKANAL

*Situationen, die mich beengen –*
*das erleben Babys am Anfang ihres Lebens*
*und überstehen es.*

Ganz am Anfang, wenn ein Kind geboren wird, liegen Tod und Leben unsagbar nahe nebeneinander. Für das Kind gibt es nur den einen Weg, auf dem es aus der Bauchhöhle der Mutter ins Licht der Welt gelangen kann: den Geburtskanal. Das Baby tritt die Reise an. Was die Mutter spürt als Schmerz und was die Umgebung in ihrem Gesicht ablesen kann, bedeutet für das Baby: Es befindet sich in höchster Existenznot. Ein Kampf – werde ich leben oder sterben? Hat dieser Weg ein Ende? Ein gutes?
Der Geburtskanal ist jetzt, nach Monaten unbelasteten Heranwachsens im geschützten Raum unter dem Herzen der Mutter, sein neues Lebensumfeld. Gedrückt, geschoben, beengt. Das Herz schlägt schneller vor Angst. Ob das Kind es schafft? Ob es geboren werden, leben, wachsen, seine Identität ausprägen kann? Immer wieder im Leben gibt es Geburtssituationen, die uns weiterführen, auch wenn sie uns zunächst den Atem rauben.
Wer im Geburtskanal steckt, denkt: Es wird jetzt so bleiben, immer so weitergehen. Doch es gibt einen Ausweg: das Leben. Die Methode, um da anzukommen, ist ungewöhnlich für eine Welt, in der es meist ums »Machen« geht: sich selbst überlassen, dem Weg anvertrauen, hoffen, auch Strategien suchen, aber nachgeben. Verflixt schwer.

# GLEICH NEBEN DEM HAMSTERRAD

*Wenn ich mich fühle,*
*als liefe ich immer nur im Kreis.*

I ch
M uss

H eute
A lle
M uße
S uchen
T aktvorgaben
E ntschleunigen
R est
R isiko
A ndernfalls:
D urchdrehen

# AN DER ZIMMERWAND

*Ein ganzes Leben voll.*

Das Bewusstsein hat eine Eigenschaft: Es füllt sich immer selbst bis zum Rand«, sagen der Schriftsteller Lars Gustafsson und seine Frau Agneta Blomqvist. In ihrem Buch »Alles, was man braucht – Ein Handbuch für das Leben« beschreiben sie: »Der Gefangene in der Zelle bringt der Fliege bei, zu kommen, wenn er sie ruft, der Börsenmakler, der gleichzeitig in zwei Telefone spricht, die alte Dame mit der Kastanie – in gewissem Sinne leben sie alle gleich viel.« Was macht mein Leben aus? Womit ist es bis zum Rand gefüllt? Habe ich mir das so vorgestellt? Wie viel lebe ich? »Man kann leben oder nicht leben«, sagen Gustafsson und Blomqvist. »Dazwischen gibt es keinen Zustand.«

Lars Gustafsson / Agneta Blomqvist, Alles, was man braucht – Ein Handbuch für das Leben, Hanser Verlag, 2010

# IM TASCHENTUCHPÄCKCHEN

*Was Liebeskummer kann, und was Augen,*
*die geweint haben, sehen.*

Liebeskummer ist das Einzige, was durch Erfahrung nicht besser oder erträglicher wird«, sagt die Romanautorin Conni Lubek. »Jeder Liebeskummer hinterlässt Spuren. Es ist wie mit den Händen meines Vaters: Er hat im Krieg Erfrierungen erlitten. Leichte Minusgrade reichen jetzt aus, um die alten Wunden wieder aufzureißen. So ist es auch mit Herzen«, meint die Autorin. »Einmal verwundete Herzen bluten schneller.«

Die Wunden fordern ihr Recht. Fordern Tränen und Phasen tiefer Traurigkeit. Das ist nötig, für die Seele.

Doch, wie der belgische Priester Phil Bosmans schon beschrieb, sieht man besser mit Augen, die geweint haben. Man sieht auch den früheren Partner klarer. Sieht, welche Faktoren dazu führten, warum es in der Liebe nicht weiterging, und sieht die eigenen Anteile dabei.

Ein Taschentuchpäckchen, auch zwei, zehn oder eine Familienpackung – ich nutze es als Sehschule.

# AUF MEINEM BAUCH: DIE NARBE

*Eine Geschichte, die mich unverwechselbar macht und ihre Spuren hinterließ.*

Exquisite pain.« Unter diesem Titel erzählte die französische Künstlerin Sophie Calle, geboren 1953, in einer Rauminstallation ihre Geschichte: Sophie Calle reiste ihrem Geliebten entgegen. Doch der beendete die Liebe am Telefon, noch bevor sie bei ihm ankommen konnte. Calle begann im Schmerz über die verlorene Liebe, Menschen in ihrem Umkreis nach ihrer stärksten Verletzung, ihrer heftigsten Verwundungserfahrung zu befragen, und wirkte die Leidensgeschichten in ihre Rauminstallation ein.

»Die wiederholte und gegenseitige Narbenschau bezeugt die Verheilung nicht nur, sie bewirkt sie erst«, schreibt dazu die Kulturwissenschaftlerin Novina Göhlsdorf. »Die Erinnerung, auch die (mit)geteilte, geht aktiv mit der Wunde um und bringt die Narbe in Form. Während sie Gestalt annimmt, verschwindet der Schmerz nach und nach. Die Wunde geht, die Narbe kommt.«

Und Novina Göhlsdorf fährt fort: »Viele unserer Geschichten sind Narbengeschichten. Sie leben davon, dass jede Vernarbung ein zeitlicher Prozess ist.«

Ich erzähle die Geschichte meiner tiefsten Narbe …

# IM ARBEITSZIMMER VOR DEM TERMINKALENDER

*Prioritäten setzen, nein sagen lernen,*
*Zeitinseln suchen, richtig planen.*

Erfolgreiche Manager arbeiten nach der ABC-Methode – sie schreiben eine Liste der wichtigen Aufgaben (A), der mittelwichtigen (B) und der Routineaufgaben (C). Und sie planen Pufferzeiten ein: Nur sechzig Prozent der Zeit werden verplant, vierzig Prozent für Unvorhergesehenes vorbehalten.
Habe ich dazu denn immer die Zeit – und immer die Kraft oder die Möglichkeit, »Nein« zu sagen, wenn ich nur halbherzig »Ja« sagen kann? Meist habe ich zu wenig Zeit. Doch die Autorin Barbara Sichtermann nimmt mir den Druck, den die Hetze machen kann: »Zu viel Zeit macht zu vieles beliebig, sie kann den Sinn zermahlen; es im Leben richtig zu machen bedeutet auch, den Augenblick zu erkennen, an dem eine Wende vollzogen, ein Schritt getan, eine Entscheidung (für …) gefällt werden muss.«
Ich entscheide mich …

# HINTER DER MASKE

*»… und keine davon bin ich.«*

Der Psychologe Tobias Brocher erzählt, wie am Ende eines seiner Vorträge ein junger Student an seinen Tisch trat und ihm scheu ein Blatt hinüberschob. Der Text darauf begann: »Bitte höre, was ich nicht sage! Lass Dich nicht von mir narren. Lass Dich nicht durch das Gesicht täuschen, das ich mache. Denn ich trage tausend Masken – Masken, die ich fürchte abzulegen. Und keine davon bin ich.«

Was treibt mich dazu, Masken anzulegen? Wie bin ich darunter? Könnte ich fragen wie der Münsteraner Fotograf Wilm Weppelmann auf einem Texttableau zu seiner Ausstellung »Die Gesichter des Photographen«:

»weiß ich noch wo maske endet und gesicht anfängt kann ich mich noch identifizieren wenn ich immer anders sein könnte …«?

Könnte ich es ausdrücken wie der scheue Student? »Darunter bin ich, wie ich wirklich bin – verwirrt, in Furcht und alleine.«

# AM STRASSENRAND

*Meinen Sinneseindrücken trauen.*

Thomas stand beim Rosenmontagszug am Straßenrand. Es ging im Freundeskreis hoch her, es floss einiges an alkoholischen Getränken.

Was Thomas nicht wusste: In diesem Jahr gastierte ein Zirkus in der karnevalistisch gestimmten Stadt, der – heute würden es Tierschützer zu Recht zu verhindern wissen – dem amtierenden Karnevalsprinzen einen Elefanten auslieh, damit er darauf den Zug abreiten konnte.

Vom Vorbeiritt des Prinzen an, unvermittelt und plötzlich, verweigerte Thomas jedes alkoholische Getränk, das ihm noch angeboten wurde.

Am nächsten Tag bekannte er: »Ich war ja so froh, als ich in der Zeitung las, dass der Prinz auf einem Elefanten geritten ist. Ich habe gedacht, es läge an mir. Thomas, hab ich mir gesagt, wenn du schon Elefanten siehst, musst du aufhören zu trinken.«

Wach bleiben. Nüchtern genug. Und bei allem erst einmal dem trauen, was ich sehe.

# IM PFERDESTALL ZUR FÜTTERZEIT

*Von der Angst, zu kurz zu kommen.*

Gerade hatte Willi die Pferde in die Boxen getrieben. Eher zufällig kam ich bei ihm vorbei. »Ich wollte gerade die Pferde füttern«, rief er mir entgegen. Sollte heißen: Hab gerade zu tun. Ich rief zurück: »Klar, ich helfe dir dabei.«

Der Eimer mit Möhren, die Packung mit Trockenfutter, das Bündel Heu – so ausgerüstet betraten wir den Stall. Sofort ging's los: In jeder Box trat ein Vierbeiner entschlossen gegen die Wand: »Hier, ich, ich will auch was, ich will zuerst, ich will nicht weniger als die anderen.«

Zum Brüllen komisch. Hier kommt doch keines zu kurz. Es geht halt nur nicht alles gleichzeitig.

Und dann sehe ich mich. Wie ich gegen die Boxenwand trete. »Hier, ich …!«

# NEBEN DEM FREUND

*Einfach trösten.*

Ein »Solist« oder eine »Solistin« tut etwas alleine, etwa ein Musikinstrument spielen. Manche Menschen sind unfreiwillig und unerwartet in einer Solorolle. Ein Schicksalsschlag, ein Todesfall – diese Vorfälle lassen »allein« zurück. Denn jeder Mensch ist zunächst allein im Schmerz und in der Art und Weise, wie er ihn verarbeitet. Niemand kann wissen, wie es »da drin« aussieht. Trauer macht in einem existenziellen Sinn einsam – selbst wenn noch so viele Menschen um die Trauernde und den Trauernden herum Anteilnahme bekunden.

»Con-solari« ist das lateinische Wort für »trösten«. Wörtlich könnte man es übersetzen: »mit alleine«. Das Wort gibt gut wieder, was Trost sein will. Er maßt sich nicht an, die Trauer eines einsam leidenden Menschen einfach auflösen zu können. Echter Trost nimmt sich so weit zurück, dass er sagt: »Ich weiß nicht einmal, ob ich dich erreiche mit dem, was ich dir an Gutem tun will.«

Er akzeptiert, dass der andere unerreichbar bei sich bleibt, wenn es ihm schlechtgeht. Aber der Trost tut, was er kann: mit alleine sein. Wenn wir trösten wollen, wissen wir: Der, die Betroffene geht als »Solist« und »Solistin« durch die Trauer hindurch. Das können wir niemandem abnehmen. Wir können nur »mit-sein« als »Consolator« und »Consolatrix«, im Alleinsein nicht ohne Begleitung lassen.

# MIT DEINEM ABSCHIEDSBRIEF IN DER HAND IN DEINEM ZIMMER

*Wenn jemand in den Tod gegangen ist.*

Sinn. Sinn los. So sinnlos. Wir sitzen doch noch in der Küche und trinken Kaffee. Du schälst Kartoffeln. Wir fahren gemeinsam im Auto, um ins Kino zu gehen. Jetzt trinke ich den Kaffee allein. Schwarz, heiß, ungesüßt. Ohne dich. Ich fahre allein im Auto, suche an jeder Kreuzung nach Sinn, finde ihn nicht. Ich schäle die letzten Tage wieder und wieder, die gesprochenen Worte, die kleinen Signale. Hab ich ein Zeichen übersehen? Ich muss gehen, alleine gehen. Jeder Schritt ohne dich strengt mich an. Jeder Schritt ohne Sinn findet seinen Sinn nicht unter meinen Füßen. Trauer ist Arbeit und macht mich müde. Auf meinem Kissen, unter der Decke: kein Sinn. Kraftlos bin ich am Abend wie am Ende einer langen Reise. Warum bist du gegangen?

Dein Brief gibt keine Antwort. Aber einen Haltepunkt. Und Hoffnung. »Hier endet die Reise«, schreibst du. »Sie hat den Sinn, der ihr nicht zugedacht war, erfüllt.«

# IM PFLASTERPÄCKCHEN

*Wenn es damit immer gut wäre –*
*was kann ich heilen?*

Am 8. November 1882 erhielt Carl Paul Beiersdorf das Patent auf ein Stück Mull mit Klebstoff, den er vom Gummibaum gewann – das Heftpflaster war erfunden. Kaum etwas ist so sehr zum Symbol als Mittel gegen Wehwehchen jeder Art geworden.

Bevor ich ein Pflaster aussuchen kann, muss ich wissen, wie genau die Wunde aussieht. »zeige deine wunde« hieß eine Installation des Künstlers Joseph Beuys in den Jahren 1974 und 1975. Ein Appell gegen die Empfindlichkeit, ein Aufruf, es mit dem Schmerz aufzunehmen: Das Pflaster muss ausreichend groß sein, muss rund um die Wunde reichen und darf nicht in ihr kleben. »Zeige deine Wunde.« Es gibt keinen anderen Weg zur Heilung.

Ein Pflaster deckt ab. Manchmal ist es notwendig, etwas nicht der dauernden Betrachtung preiszugeben, ihm Ruhe zu geben. Besonders Kinder sind abgelenkt von dem, was ihnen vielleicht weh tun könnte, wenn sie statt auf eine Kruste auf Hirsche, Piratenzeichen, Emily Erdbeer oder Fußbälle blicken.

»Das Pflaster hat eine magische Bedeutung«, sagt die Hautärztin Sabine Richter. »Jetzt kommt noch ein Pflaster, dann können Sie gehen« – diese abschließende Bemerkung des Arztes, der Ärztin, »schafft augenblicklich Entspannung für den Patienten, der damit befreit wird aus einer

passiven Situation des Ausgeliefertseins«, kommentiert die Ärztin, und damit ist auch der Arzt frei für den nächsten Patienten.
Irgendwann hat das Pflaster dann ausgedient. Es hält nicht mehr an den Ecken, die Haut juckt. Dann muss Luft an die Wunde. Öffentlichkeit.
»Das Pflaster: es heilt, bedeckt, schützt, es verbirgt, tröstet und verschönt«, so Sabine Richter. Wozu brauche ich ein Pflaster? Wann muss es wieder runter?

# AM ZEITUNGSKIOSK

*Meine Schönheit nicht an Prominenten messen –*
*die sehen ungeschminkt*
*auch nicht immer gut aus.*

Der Freund von Katy Perry hat ihr Foto ins Internet gestellt – hieß die Meldung. Die Star-Sängerin war nicht begeistert darüber, dass die Welt nun weiß, wie sie morgens ungeschminkt aussieht. »Nun hat der Anblick mich nicht verstört«, kommentierte eine Radiomoderatorin. »Den kenne ich – aus dem Spiegel am Morgen.«
Die Klatschblätter der Regenbogenpresse vermitteln den beruhigenden Anblick von Menschen, die sonst atemberaubend schön über rote Teppiche schweben, über Laufstege und andere Bretter, die die Welt bedeuten. Es tut dem eigenen Ich gut zu wissen, dass sie beim örtlichen Lebensmittelmarkt genauso wenig gestylt, genauso verhuscht und müde aussehen können wie man selbst. Aber woher kommt der Druck, schön zu sein – und wer legt fest, was schön ist? Bei einer Ausstellung, die im Deutschen Hygienemuseum in Dresden gezeigt wurde, ging es genau um diese Frage: »Was ist schön?« In einem Teil der Ausstellung wurden Porträtfotos gezeigt, so bearbeitet, dass sie ebenmäßig erschienen, beide Gesichtshälften exakte Spiegelungen voneinander. Wurden die Gesichter damit schöner? Nicht unbedingt, erläuterte die Kuratorin Doris Müller-Toovey. »Eine zu große Gleichmäßigkeit – offenbar fordert sie unser Gehirn nicht genug – erzeugt auch eine Form von

Langeweile – und wenn wir uns langweilen, sinkt die Bereitschaft, der Pegel der ästhetischen Wahrnehmung ab.« Schönheit von außen braucht Schönheit von innen. Schönheit braucht Spannungen, etwas Persönliches, etwas, das mich unverwechselbar macht – auch in der Unebenmäßigkeit meiner Erscheinung. Schönheit kommt, wenn ich mich selbst akzeptieren kann. Mit so viel Styling, wie dazu nötig, und so wenig Tünche, wie möglich ist.

# VOR DEM ANGEBRANNTEN ESSEN

*Wie gehe ich mit mir um, wenn mir etwas misslingt, das ich üblicherweise gut kann?*

Ein junger Vater betrat den Raum, in dem seine Kinder spielten, mit den Worten: »Kommt ihr mit zur Frittenbude? Ich habe gerade das Essen versaut.«

Zwar war er allein erziehend, aber das nun schon seit einer Weile. Das Essen kochte er gern und zuverlässig für seine Kinder. Aber diesmal war es eben angebrannt. Die Souveränität und Selbstverständlichkeit, mit der er das ankündigte, beeindruckte mich. Um die Zutaten war es schade, aber die Botschaft war klar: Kann doch mal passieren.

Mir gab es das gute Gefühl: Es kann immer mal etwas schiefgehen. Selbst das, was ich immer gut kann, darf auch mal danebengehen. Auch dafür gibt es eine Lösung.

Darauf vertraue ich – wenn ich beim Fehlermachen daran denke.

# AUF DEM EIS

*An anderen mag ich meist das nicht, was mich an meine eigenen Schwächen erinnert.*

Marie Luise Kaschnitz beschreibt in einer Geschichte die Ablehnung, die die Erzählerin einem Kind gegenüber empfindet, das an einem Winternachmittag in ihrer Wohnung auftaucht. Das Kind ist dick, trägt einen altmodischen Mantel, hat wasserhelle Augen. Es futtert ihr die Brote weg. Die Erzählerin folgt dem Kind, um es draußen zu beobachten: »Ich muss doch sehen, wie diese Raupe Schlittschuh läuft.« Als die Dicke ins Eis einbricht, wenn auch nur in eine der zwei tragenden Schichten, und »zu Tode erschrocken« ist, will die Erzählerin ihr doch wohl helfen.

Am Ende der Geschichte »Das dicke Kind« sieht die Erzählerin ein: Sie braucht dem Kind nicht mehr zu helfen. Denn sie hat es erkannt: Schließlich betrachtet sie alte Bilder, darunter »ein altes Bildchen, das mich selbst darstellte, in einem weißen Wollkleid mit Stehkragen, mit hellen wässrigen Augen und sehr dick.«

Die Psychologie kennt einen inneren Vorgang, den sie als »Projektion« bezeichnet. Sie spricht davon, wenn eine Person das, was ihr unangenehm ist, stärker noch als an sich selbst an anderen Menschen wahrzunehmen glaubt. Ich gehe Menschen durch, die ich nicht mag – und prüfe sie auf meine Projektionen hin.

# IN DER KÜNSTLERWERKSTATT GOTTES

*Ein Deutebegriff für Krankheit und Krise.*

Jeder Mensch ist ein Kunstwerk«, lautet der Titel eines Buches, in dem die Redakteurin Asta Scheib zwanzig bekannte Persönlichkeiten in Porträts vorstellt. Ursula Deutschendorf, im Jahr 2010 älteste Radiojournalistin Deutschlands, widerspricht diesem Titel. Der Mensch ist nichts Statisches. Er ist ein anregendes Objekt. Das Unvorhergesehene zeichnet ihn aus.

Unvorhergesehen plötzlich kann das Leben in anderen Bahnen verlaufen als geplant. Eine Krankheit oder eine Krise unterbricht. Es scheint zunächst, als würde der oder die Erkrankte stecken bleiben, stehen bleiben. Der Schein trügt. »Jetzt sind Sie in der Künstlerwerkstatt Gottes«, sagte einmal ein älterer Mann zu einer jüngeren Bekannten, die ernsthaft erkrankt im Krankenbett lag.

Nicht nur die Heilung ist ein Weg. Schon die Krankheit ist einer. Welcher kann meiner sein?

# VOR DEM FLIPPERAUTOMATEN

*Am Drücker.*

Jetzt! Die Kugel langsam auf den Hebel rollen lassen. Sie schnellt hoch. Ein Klingeln, Lichtsignale, ihr Weg im Zickzack an Metallplatten entlang – 300 Punkte. Jetzt! Wieder hoch – das wäre doch gelacht. Anschlag oben, ein blinkendes Lichtgewitter, eine Fanfare, 500 Punkte. Ein glatter Absturz, keine Punkte mehr. Jetzt! Wo flitzt sie hin? Wer bin ich? Bin ich der Hebel, bin ich am Drücker?
Oder bin ich – was am fatalsten wäre – die Kugel?

# VOR DER DARTSCHEIBE

*Zielen.*

Glücklich war das nicht: Gleich nachdem Schützen durch Amokläufe an Schulen in die Diskussion gekommen waren, kündigten die Bundesjungschützen im Jahr 2009 ihr Jahrestreffen an unter dem Motto »gezielt-er-leben«. Vor lauter Kritik und Distanz wurde die Botschaft nicht mehr gehört, die sie mit diesem Motto verbinden wollten. Leben auf ein Ziel hin. Erleben, ja, aber auch gezielt.
Nun kann man über Schützen denken, was man will. Aber was stimmt, ist der Wert der Perspektive, überhaupt ein Ziel zu haben. Ein Mittelpunkt, auf den hin meine Erwartung sich bündelt – nicht zuletzt die Erwartung, die ich an mich selbst stelle.
Ein Ziel fordert mich zur Konzentration. Das Ziel da in der Mitte zu treffen macht für mich die Übung lohnend.
Der 1999 verstorbene Priester Hermann Josef Coenen formuliert in seinen Seligpreisungen: »Selig der Mensch, der ein Ziel hat/und es nicht aus dem Auge verliert./Und der bereit ist, auch den Preis dafür zu zahlen.«

Hermann Josef Coenen, Meine Jakobsleiter, Patmos, 1995

# AUF DEM HOTELBETTKISSEN DIE KLEINE SCHOKOLADENTAFEL

*Heimweh – wonach?*

Sie liegt für jeden da. Immer wieder neu auf dem dreieckig hochgestellten Kissen: die kleine Schokoladentafel. Wer oft in Hotels wohnen muss, berufsbedingt, nimmt sie meistens nur zur Kenntnis. Räumt sie beiseite, bevor er sich flugmüde in die Kissen sinken lässt. Oder schiebt sie wie beiläufig noch kurz in den Mund, bevor es zum ersten Termin mit der Geschäftspartnerin in dieser anderen Stadt geht. Oder aber die Frau in dem schlichten grauen Kostüm lässt sie liegen, weil sie gar nicht zu etwas anderem kommt, als schnell die Schuhe zu wechseln, die Haare zu kämmen, den Duft aus dem Flakon zu erneuern, rauszugehen und den vereinbarten Tisch im Restaurant aufzusuchen. Dann aber geht der Abend vorbei, die Verhandlungen sind gemacht, sie kommt zurück in das fremde Zimmer, muss sich noch einmal vergegenwärtigen, welche Zimmernummer es ist – und übrigens: Welche Stadt war es noch einmal? Was werden sie jetzt zu Hause machen? Das Zimmer ist leer. Und dann liegt sie da auf dem Kissen, die kleine Tafel, und tröstet: Du bist hier. Hier ist heute ein Platz für dich. Sorge dich nicht, den Deinen geht es gut. Nur du fehlst ihnen. Aber ich bin da. Das Leben schmeckt dir heute nach Einsamkeit und Anstrengung. Du hast Hunger, bist unsicher, hast vielleicht Angst vor der Nacht.

Aber man nennt die Gefühle nicht Hunger oder Angst. Man nennt sie mit einem Wort »Heimweh«. Es ist der »Hunger nach dem Ort, wo ich früher einmal satt war«, schreibt die Autorin Herta Müller in ihrem Roman »Atemschaukel«.
Das kleine Betthupferl sagt: Da ist nicht nur Hunger und Angst. Ich berge Süße und Trost für dich.
Ja, ich habe Heimweh – wonach? Von wo will ich weg? Wo muss ich hin? Wer soll zu mir kommen?

# QUELLEN

Etwas zum dran Festhalten.
Etwas, woran Augen und Herz Ruhe finden.
Etwas, das neue Perspektiven schenkt.
Kraftquellen mitten im Alltagserleben.

# BABY LOUISES AUGEN

*Hannah Arendts Natalität als Lebenskonzept.*

Ich brauche nicht weit Ausschau zu halten: Durchs Fenster sehe ich die alte Nachbarin, mittlerweile am Stock, die mühsam die leicht ansteigende Straße heraufkommt. Ich sehe die kleine Tochter von nebenan, die gerade ausgerutscht, auf den Po gefallen ist und bitterlich weint. Ich sehe den Umzugswagen: Die Familie im übernächsten Haus ist in Schulden geraten, sie müssen in eine kleinere Wohnung umziehen.

Das Leben ist brüchig. Im Großen wie im Kleinen schieben sich seine Begrenzungen in unser Blickfeld.

Die Philosophin Hannah Arendt weitet unseren Blick wieder. Wir sind ja schon getragen, eingewoben in das Muster »Menschheit«: Eine Geburt vergleicht sie mit »Fäden …, die in ein bereits vorgewebtes Muster geschlagen werden und das Gewebe … verändern.« Hannah Arendt beschreibt ihr Konzept vom Lebensanfang als »Natalität«, als »Geburtlichkeit«. Das Leben ist nicht zuerst ein »Sein zum Tode«, es ist ein »Sein zum Leben«.

Während ich in Baby Louises Augen sehe, weitet sich die Zukunft, schimmert die Hoffnung, tauche ich ins Leben ein.

»Wir sind geboren, um zu leben«, singt die Gruppe »Unheilig«. Geboren, um heute – wofür zu leben?

# ZU HAUSE

*Heimat.*

Im Angebot einer Zigarettenfirma findet sich unter anderem ein Schlüsselanhänger mit der Aufschrift »Heimat« – und Jugendliche kaufen ihn als »kultig«. Es gibt eine neue Begeisterung um das Wort »Heimat«. Im Jahr 2004 wurde es bei einer Umfrage des Sprachrats auf Platz vier der schönsten deutschen Wörter gewählt.

Wenn der Arbeitsmarkt in erster Linie Mobilität fordert, klingt »Heimat« immer nach den Wurzeln, die nirgendwo so selbstverständlich mehr geschlagen werden können.

»Heimat ist da, wo man sich nicht immer beweisen muss«, so formuliert es eine junge Frau, »wo man sich nicht erklären muss«, so drückte es Johann Gottfried von Herder aus. Wer – meist aus beruflichen Gründen – in die Fremde zieht, muss genau das Gegenteil tun: zeigen, wer man ist, immer unter Beweis stellen, was man kann, ohne den ortsüblichen Vertrauensvorschuss, den die Herkunftsheimat bot.

»Die Heimat findet man nicht vor, man muss sie suchen«, sagt der Theologe Fulbert Steffensky. Und man kann sie wieder suchen: eigentlich an jedem Ort, an dem man sich mühen muss. Mühen um die Landschaft und die Menschen, die einen umgeben. Mühen um Rituale und Rhythmen, die nicht mehr wie selbstverständlich vorgegeben sind. Mühen darum, dem Leben einen Sinn abzugewinnen, in dem es sich überall zu Hause sein lässt.

# IM GANZ STILLEN HAUS

*Wenn die Kinder groß sind.*

Der Roman »Freiheit« des US-amerikanischen Autors Jonathan Franzen erzählt die Geschichte einer Familie von den 1980er Jahren bis ins erste Jahrzehnt des einundzwanzigsten Jahrhunderts. Die Erzählperspektive schiebt sich von der Mutter zum Vater, zur Tochter, zum Sohn, auch zu einem guten Freund der Familie, der der Geliebte der Mutter war. Alle basteln an ihrer Biographie, an Karriere und Lebensgemeinschaft, mehr oder – wie im Fall von Patty, der Mutter – weniger erfolgreich. Sie bleibt auf der Strecke ihrer Träume, Ziele, Pläne, bis sie schließlich auch ihre Kinder ihr entgleiten sieht. Einfluss auf sie zu haben war der letzte ihrer Wünsche, die allesamt nicht in Erfüllung gingen.

Eine Frau wiederum, die die meisten nur als Comedy-Darstellerin kennen, Cordula Stratmann, hat vor der Bühnenkarriere Sozialarbeit studiert und als Familientherapeutin gearbeitet. Nach Lektüre des Romans wurde sie in der Frauenzeitschrift »BRIGITTE« dazu befragt, was sie einer Frau wie Patty raten würde. Sie hatte eine eindeutige Empfehlung: »Füll dich mit was anderem.«

Wie sieht mein Vorratsschrank aus? Aus welchen Quellen speise, womit fülle ich mich, um nicht leer in einem leeren Haus zu stehen, wenn die Kinder groß sind?

# VOR DEN FAMILIENFOTOS

*Das Gesamtbild.*

Wir müssen doch dankbar sein«, sagt mein Vater. »Was haben wir schöne Urlaube gehabt und wunderbare Feste.« Es ist eine Freude, dass er diesen Eindruck haben kann. Und auch nicht so ungewöhnlich.

Der Arzt und Kabarettist Dr. Eckart von Hirschhausen weist auf einen sehr naheliegenden Effekt hin, den er »Fotounrealismus« nennt: Fotos halten nur die schönen Momente fest.

»Wenn man die schönen Urlaube, Geburtstagspartys und großen Feste mit Bildern noch einmal vor das geistige Auge holt, kann man nur melancholisch werden: Eigentlich war doch alles schön!

Es war eben nicht alles schön! Nur in den unschönen Momenten hat man keine Fotos gemacht!«

Als mein Vater, mit beiden Fäusten vor Anspannung auf den Waldboden trommelnd, noch nicht wusste, dass ihm die Flucht aus russischer Gefangenschaft gelingen sollte, hat niemand ein Foto gemacht. Auch nicht, als meine Mutter im Altenheim betreut wurde, weil sie nach einem Sturz nicht aus dem Schlaf erwachte – eine Kurzzeitpflege, die in eine Dauerbetreuung bis zu ihrem bald erwarteten Tod übergehen sollte, der dann doch nicht eintraf.

Unterm Strich bleibt, was die Fotos zeigen: ein gutes Leben. Und Grund, zu danken.

# AN DER WAHLURNE

*Ein Politikum.*

Ich habe schon Tage erlebt, die sicher Eingang in die Geschichtsbücher finden. Großen Einfluss darauf habe ich vermutlich nicht gehabt – und mir auch nicht immer Gedanken darum gemacht, warum und wie es dazu kam. Aber grundsätzlich stimme ich zu: »Du schreibst Geschichte mit jedem Schritt, mit jedem Wort setzt du sie fort«, singt zu Recht die Gruppe »Madsen«. »Du schreibst Geschichte, an jedem Tag, denn jetzt und hier bist du ein Teil von ihr.«

Trotzdem habe ich manchmal das Bedürfnis, mir vom Wahl-O-Maten die passende Partei heraussuchen zu lassen. Zum Lesen politischer Kommentare oder Anhören von Diskussionsrunden zur Tagespolitik verpflichte ich mich manchmal, damit ich besser verstehe, worum es geht. Und ja, ich bekenne, manches verstehe ich erst, wenn es bei den Kindernachrichten erklärt wird …

Als ich von Christina Taylor Green hörte, die beim Anschlag auf die Politikerin Gabrielle Giffords in Arizona 2011 starb, dachte ich, das Mädchen sei durch einen dummen Zufall dort im wahrsten Sinne des Wortes in die Schusslinie geraten, mitgeschleppt von ihren politisch engagierten Eltern. Aber ich lag falsch. Christina Taylor hatte an einem besonderen Tag Geburtstag: dem der Terroranschläge auf das World Trade Center. Ihre enge Bindung zum 11. September 2001 war ihr Verpflichtung, sich schon in ihrem jungen Alter für Politik zu interessieren, an der Selbstverwaltung ihrer Schule zu beteiligen, Demokratie erleben zu wollen. Präsident Obama widmete ihr einen großen Teil seiner Trauerrede »Together we Thrive«: »Ein kleines Mädchen, das gerade erst begann, unsere Demokratie wahrzunehmen, das gerade erst begann, bürgerliches Engagement zu begreifen, gerade erst einen Hauch einer Ahnung davon bekam, dass sie eines Tages daran teilhaben könnte, die Zukunft ihres Landes mitzugestalten. … Sie betrachtete Politik als etwas Aufregendes, das Hoffnung macht. … Ich möchte ihren Erwartungen gerecht werden. Ich möchte, dass unsere Demokratie so gut ist, wie Christina sie sich vorstellte.«

Bin ich ein politischer Mensch? Wo? Wie?

# BEI DEN KONTAKTANZEIGEN

*Dasein als Single.*

»Weiblich, ledig, jung sucht«, heißt der Titel eines erfolgreichen Films. »Weiblich, ledig, 40« nennt die Sängerin Ina Müller eine ihrer CDs. Ein Reifeschritt: weiblich, ledig sucht nicht notwendig einen Partner. Nein, ich suche nicht. Ich bin mir genug. Wenn ein Single »Ich« sagt, meint er »Ich«. Keinen Teil von einem Wir.

Wer allein lebt, sagt die österreichische Psychoanalytikerin Eva Jaeggi, hat drei Problemfelder zu beackern. Das erste ist das der größeren Bewusstheit: »der bewusste Umgang mit dem inneren Leben, das Erfühlen von Ängsten, die vorerst unter der Schwelle des Bewusstseins liegen und die – bewusstgemacht – sich sehr viel besser meistern lassen.« Das zweite ist der gesunde Lebensrhythmus in der Balance von Aktivität und Entspannung, die Gefahr, seinen Alltag entweder in »Unstrukturiertheit« oder »Überstrukturiertheit« zu verbringen. Das dritte ist die Einsamkeit, die Angst vor dem tödlichen Alleinsein.

Singles – das können Vorbilder sein. »Die Vorstellung, man müsse für sich alleine geradestehen, Verantwortung übernehmen und müsse sich vor allem vor dem eigenen Gefühl verantworten«, sortiert Eva Jaeggi die Gedanken, »schafft Überblick in einer Gesellschaft, deren allgemeinverbindliche Werte schwammig geworden sind.«

Menschen, die in einer Paarbeziehung leben, mögen das genießen, manchmal nicht genau zu wissen, wo ihr Ich aufhört und wo ihr Du anfängt. Wer allein ist, weiß immer genau, wie viel Kraft er hat und wo sie zu Ende ist. Wer eines Tages wieder »Wir« sagt und damit eine kleine Gemeinschaft meint, muss dies bewusst so wollen: wieder auch eine Funktion einer Beziehung sein und nicht mehr nur und immer »Ich«.

# IM SEITENSCHIFF VORNE

*Sich vor Gott hinhalten.*

Der Mann, der dort spazieren geht, freut sich an den Menschen in dem Ort, in dem er lebt und wirkt. Denn der ist sein Arbeitsplatz. Es ist um das Jahr 1830, der Mann heißt Johannes Maria Vianney. Der Ort heißt Ars, und Vianney ist Pfarrer dort. Nun öffnet er die Kirchentür. Ein Bauer kniet in einer Kirchenbank. Der Pfarrer von Ars schließt leise die Kirchentür. Den Beter will er nicht stören. Er hat noch zu tun, ein Gespräch, ein Besuch, ein Schriftstück. Eine Stunde später betritt er die Kirche wieder. Da kniet er noch, der Bauer. Pfarrer Vianney geht zu ihm hin und kniet sich neben ihn. Doch der Bauer nimmt ihn kaum wahr; er bleibt im Gebet versunken, den Blick fest auf den Tabernakel gerichtet. Der Pfarrer wartet. Dann, als der Bauer sich zurücksetzt, fragt er ihn: »Sag mal, was sagst du dem lieben Gott da die ganze Zeit über?« Der Bauer atmet tief. »Eigentlich nichts, Herr Pfarrer. Ich schaue ihn an – und Er schaut mich an.«
Ich schaue Gott an – und ich sehe …
Gott schaut mich an – und da sieht Er …

# AUF HOHER SEE UND IN DER RÜHRUNG …

*Meine Frequenzen erkennen*

Bei einer Musiksendung witzelten einige Moderatorenkollegen über Ingolf Lück, der sich gerade geoutet hatte: Ja, er weine bei »Titanic«. Die Frotzeleien wies er souverän zurück: Das sei so wie auf hoher See, da habe jeder seine eigene Frequenz, bei der er seekrank würde. So habe auch jeder seine eigene Frequenz, bei der er weinen müsse – und die läge für ihn eben bei dieser Filmmusik.

Eine Frequenz, sagt mir das Lexikon, ist die Anzahl von Schwingungen innerhalb eines bestimmten Zeitraums. Meine eigene Frequenz. Ich empfinde genau, wann und in welcher Zeit mich etwas zum Weinen anstößt. Wann ich fast seekrank werde vom ganzen Auf und Ab in meinem Leben. Wann meine Frequenz erreicht ist, auf der ich niemanden mehr höre als den einen, mit dem ich spreche. Ab welcher Frequenz ich anfange zu lieben. Ein Rat gegen Seekrankheit ist, immer auf den Horizont zu blicken. Ein weiterer, sich dem schaukelnden Rhythmus hinzugeben und nicht dagegen anzukämpfen. Einatmen. Ausatmen. Weinen. Freuen. Lieben. Meinen Frequenzen zu folgen und dazu zu stehen. Auch wenn andere vielleicht frotzeln.

# VOR DER GRÜNEN BAKE

*Das Meer als Zeichen der Heiligkeit und Ort seiner Erfahrbarkeit.*

Und meine Seel ein weites Meer, dass ich dich könnte fassen«, so heißt es in einer Strophe des Weihnachtsliedes »Ich steh an deiner Krippe hier« von Paul Gerhardt.
Das Meer birgt das Bild einer Weite, die sich mit Gottes Gegenwart füllen lässt, die mit jeder Welle ein Zeichen seiner Größe an den Strand trägt. Liegt das Meer ruhig bei Ebbe, erzählt die Unendlichkeit bis zum Horizont die große Geschichte vom Schöpfungsmorgen. Schlagen die Wellen meterhoch, spüre ich die Urgewalt, die Macht, die Kraft, die in der Welt steckt. »Wer gebietet den Wellen?«, fragt Ijob – und kann damit nur andeuten, wie groß und gewaltig Gott ist. So mächtig, dass ihm – wie Jesus im Boot später zeigen wird – die Wellen sogar gehorchen, von ihm zur Ruhe zu bringen sind.
Für all das finde ich nur Bilder. Denn meine Seele ist kein weites Meer. Sie ist ein eigentümliches Gewässer, ein versteckter Tümpel zuweilen, nur ein Tröpfchen der großen Weite. Ein Tröpfchen aber, in dem sich alles spiegeln kann, was das große Meer mich lehren kann: Hoffnung. Mut. Angst. Leben. Existenznot.
Da hat jemand Zeichen ins Meer gesetzt. Ich brauche mich nicht zu verlieren. Ich werde geführt. Ich kann rechts und links unterscheiden und habe Hoffnung, das Ufer zu erreichen, wenn das Meer mich zu überwältigen droht

mit den Eindrücken seiner Größe und Schönheit. Was von diesem großen, weiten Meer spiegelt sich in dem kleinen Tropfen in meinem Inneren? Welche Signale erkenne ich als Zeichen, wie ich durch mein Leben navigieren kann?

# AUF DEM GIPFEL DREI METER UNTER DEM KREUZ

*Das Gebirge als heiliger Ort.*

Einen hohen Berg bezwingen: Anstrengung und Erschöpfung, Erhabenheit und Weite.
Auf dem Berg sagt Gott: Wenn ihr mich liebt, dann werdet ihr wissen, was zu tun ist. Berge schenken Einsicht.
Auf dem Berg zeigt der Satan Jesus die ganze Welt und verspricht ihm die Macht darüber, Jesus lehnt ab. Berge mahnen an die eigene Bestimmung.
Auf dem Berg wird es licht. »Oben hat alles geleuchtet«, sagt die Bergsteigerin Gerlinde Kaltenbrunner über den Moment, als sie den Gipfel des K2 erreichte. Hier oben leuchtet der verklärte Christus. Doch bei allem Strahlen: Hier darf man keine Hütten bauen. Hier kann man keine Bleibe haben. Vom Berg muss man wieder herab zu den Menschen.

# IM KINDERGARTEN

*Das größte Wort von allen: »Schau!«*

Robert Fulghum, so verrät der Klappentext seines liebevollen Buches »Alles, was du wirklich wissen musst, hast du schon als Kind gelernt«: Er hat Erfahrung als Priester der Unitarier, als Cowboy, Folksänger, IBM-Vertreter, Maler, Barkeeper, Kunstlehrer und Vater. Wer so eine weite Sicht auf das Leben hat, erkennt Wesentliches. So erinnert er mehr an die wichtigsten Dinge, die zum Leben wichtig sind, als dass er neue Regeln aufstellt: »Dem Sandkasten im Kindergarten habe ich all meine Weisheit zu verdanken.« Und die Weisheit klingt zum Beispiel so: »Teile alles mit dem anderen. … Warme Plätzchen und kalte Milch sind bekömmlich. … Halte jeden Nachmittag ein Nickerchen.« Die Aufzählung der Weisheiten endet Fulghum mit der Einladung: »Und dann erinnere dich an das erste Wort, das du gelernt hast, das allerwichtigste Wort: ›SCHAU‹.«
Schauen. Das tat auch Lucy. Die Buchautorin Gail Jones erzählt in ihrem Roman »Sechzig Lichter« die – frei erfundene – Geschichte dieser jungen Frau, die schon von Kind an eine besondere Beobachtungsgabe hat und als Erwachsene bis zu ihrem frühen Tod mit 22 Jahren als Fotografin arbeitet. Eben nach London gezogen, schreibt sie ein Tagebuch, »Besonderer gesehener Dinge«, »nicht von Ereignissen, sondern von Bildern« – eine blinde Frau, ein Türgriff, eine Spiegelung in einer Pfütze, Zweige im Wind – und Abstraktionen dieser Bilder: So erschließt

Lucy sich die Welt, die voll wird von »ehrwürdiger Zufälligkeit«.
Kann ich sehen, wirklich sehen, was um mich ist? Eine Momentaufnahme im Gedächtnis halten, ein Blick, der für mich bedeutsam bleibt? Kann ich schauen?

# AM AUSGUCK

*Über Widerstände hinweg*
*neue Perspektiven einnehmen.*

Das Hindernis umgehen,
den Horizont neu sehen.
Mein Blick stieß gegen Balken.
Nun folgt er wilden Falken.
Mein Herz wird hier so weit.
Ganz neu jetzt: meine Zeit.

# VOR DEM KAPUTTEN BILDERRAHMEN

*Es gibt kein richtiges Leben im falschen. (Theodor W. Adorno)*

Der Aphorismus entstammt der Schrift »Minima Moralia« von Theodor W. Adorno: »Es gibt kein richtiges Leben im falschen.« Zwischen 1944 und 1947 entstand die Sammlung von 153 »Reflexionen aus dem beschädigten Leben« im kalifornischen Exil. Der Jude Theodor W. Adorno hatte für sich als unmöglich angesehen, in der totalitären Gesellschaft zu leben – groß war der Schreck, das Entsetzen, das Trauma über den Nationalsozialismus. Doch auch nach seinem Ende gab es Strukturen, die ihm fremd waren. Es schien, als könne der Mensch nur als Gewaltopfer leben oder als Konsumopfer, als Material für ein System, das absolut gesetzt wird, den Staat oder die Wirtschaft. Das Ganze, der Rahmen, die Lebensumstände sind »falsch«, und im falschen kann es kein richtiges Leben geben.

Was also tun? Sich damit abfinden, dass so viel schiefgerät im eigenen Leben? Damit, dass man selbst kaum recht »bei sich zu Hause« sein kann, sondern immer wie ein Fremdkörper im eigenen Leben herumstolpert? Der Philosoph Martin Seel deutet die Worte Adornos anders: »Adorno … meint das Gegenteil. Anstatt sie aufzuheben, bekräftigt er die Differenz von Richtig und Falsch. Auch wenn ein im Ganzen richtiges Leben unmöglich ist, so ist es für ein

unverblendetes Dasein äußerst wichtig, sich den Sinn für das Richtige nicht abkaufen zu lassen.«
Der Bilderrahmen, der von der Wand fiel und zerbrach, für den ich bis heute keinen angemessenen Ersatz gefunden habe, mahnt mich daran, mich um meinen Sinn für das Richtige auch unter falschen Bedingungen zu mühen.
»Nur vom Unmöglichen her können wir unsere Möglichkeiten verstehen«, so Martin Seel.

# NEBEN DER MESSLATTE

*Wie ich noch wachsen werde.*

Die Messlatte, verziert mit Mäuschen und putzigen Clowns – welch feierlicher Augenblick, wenn das Baby erstmals stehend 72 cm groß gemessen wird. Schon 1,02 Meter! Schon 1,14 Meter – natürlich, das Kind ist ja auch schulreif! 1,50 Meter – da will das Kind selbst hin –, endlich ohne Kindersitz Auto fahren! Schon 1,70 Meter – oje, größer als Mama … Und Mama? Wächst mit. Ihre Welt wird mit jedem Kinderzentimeter wieder weiter. Nein, Mama hört nicht auf zu wachsen.
Ich wachse: …
Da will ich noch hin: …
Und der Himmel ist die Messlatte, wie der brasilianische Bischof Dom Helder Camara (1909–1999) in einem Gebet formulierte: »Möge deine Herrlichkeit mich zurückhalten, mittelmäßig zu sein.«

# MIT DER RUNZLIGEN HAND IN DER EIGENEN

*Geduld mit denen, die lange brauchen.*

Sehen, wie die Hand zittert und das Ziel unzumutbar oft verfehlt, bevor der Schlüssel im Schloss steckt – geduldig sein.
Für den kurzen Gang zum nächsten Briefkasten Zeit einplanen wie für eine Erdumrundung – geduldig sein.
Sattsam bekannte Erzählungen immer wieder anhören – geduldig sein.
Auf das Schweigen lauschen, während die Gedanken im Verborgenen nach einem Namen fahnden – geduldig sein.
Die Hand nehmen und sie halten, wie sie damals die eigene hielt, behutsam und doch sicher – einfach lieben.

# BEI DER KLEINEN GESTALT MIT DER BIERFLASCHE VOR DEM SUPERMARKT

*Die Perspektive umdrehen:*
*Wer sorgt sich hier um wen?*

Ich hatte eingekauft, die Lebensmittel in den Kofferraum geräumt, es war Wochenende – ich wollte nach Hause. Auf dem Weg vom Kundenparkplatz auf die Straße sah ich sie aus den Augenwinkeln – eine kleine Gestalt, zusammengekauert auf einem Mauervorsprung, die Kapuze über den Kopf gezogen, mehrere Flaschen um sich herum. »Ach, egal.« Das war meine erste Reaktion. Einige Meter weiter aber schossen mir Gedanken durch den Kopf, Bilder davon, wie vor Wochen erst ein Junge aus der Nachbarschaft im Alkoholkoma vom Krankenwagen abgeholt wurde. Der leblose Kinderkörper. Schmächtig wie die Gestalt, die dort saß. Ich seufzte. Und drehte um. Das Wochenende musste noch warten.

Das Auto stellte ich wieder auf dem Kundenparkplatz ab und ging einige Schritte. Da saß sie immer noch reglos, die kleine Gestalt, und blickte erst auf, als ich ganz nah bei ihr stand. Das Gesicht war – Gott sei Dank – nicht das eines Kindes. Es war ein junges Frauengesicht, der Blick müde, aber freundlich abschätzend, was denn ich wohl wollte. Ich war unsicher: Was wollte ich denn? Zögernd fragte ich: »Alles in Ordnung?« Nicht die intelligenteste, aber eine immerhin passende Gesprächseinleitung. Die junge Frau

nickte, schaute kurz zu Boden, blickte wieder auf, mir offen ins Gesicht, und fragte: »Willst du ein Bier?«
Die Perspektive scheint klar. Was passiert, wenn ich sie umdrehe, wenn ich die Bedürftige werde, wo ich mich als Überlegene wähnte?

# IM GESCHÄFT VOR DEN GESCHENKPAPIERROLLEN

*Eine Multiple-Choice-Zitat-Collage.*

Wenn ich schenke, in welchem Zitat finde ich mich wieder?

- So beschreibt Jan-Josef Liefers seine Großmutter: »Das Geheimnis war, dass ihre Geschenke niemals größer waren als ihr Gefühl, aus dem heraus sie schenkte.«

- Josef Ringelnatz dichtete:

  *Schenke herzlich und frei. Schenke dabei,*
  *was in Dir wohnt an Meinung, Geschmack und Humor,*
  *so dass die eigene Freude zuvor Dich reichlich belohnt.*
  *Schenke mit Geist ohne List. Sei eingedenk,*
  *dass Dein Geschenk Du selber bist.*

- »Dankbarkeit ist kein Geben, sondern ein Nehmen, ein sichtbar werdendes Annehmen«, sagt die Autorin Dorothee Markert. »Umgekehrt will ich, wenn ich schenke, nichts im Austausch dafür zurückhaben, aber ich brauche irgendein Zeichen, dass mein Geschenk angekommen ist.«

- »Wer das auch nur für einen Augenblick versucht, weiß, wie unendlich schwer das zu tun ist: alles geben und überhaupt nicht fragen, was bekomme ich dafür«, schrieb der Pastor und Autor Hans-Albert Höntges († 2003). »Das kann ich nämlich gar nicht. Das ist zu schwer für mich. Ich will ja geben – aber ich will auch haben, will auch bekommen, wenigstens einen Dank.«

Ich mache mein Kreuzchen – oder schreibe hier mein Lieblingszitat über das Schenken hin:

# UM SECHS UHR MORGENS AN ANKES SCHREIBTISCH

*Kleine Hilfen untereinander.*

Ich traf Bettina. Sie hatte müde Augen, denn morgens war sie schon um sechs Uhr bei Anke gewesen. Anke hat zwei kleine Kinder und musste für eine Prüfung lernen, damit sie sich endlich selbständig machen könnte. Dreimal in der Woche machte Bettina Frühstück für Ankes Familie, fuhr Ankes Kinder in Kindergarten und Grundschule und fing dann ihr eigenes Tagesprogramm an.

Mit Bettina zusammen musste ich ein Abschiedsgeschenk für eine Kindergruppe machen. Achtzehn Fotocollagen hatte sie vervielfältigen lassen, ihr Mann hatte sie gerahmt. »Ich hab mir gedacht, du kannst die einpacken, ich bringe sie dir morgen vorbei.« Das war nur fair, sie hatte ja ihren Teil getan. Aber trotzdem entfuhr mir ein kleiner Schreckensschrei. Einpacken? Darin bin ich eine Niete.

Also schickte ich Sabine eine Mail: »Mayday! Ich muss achtzehn Bilderrahmen einpacken – und ich kann das nicht!« Sabine arbeitete vor ihrer Babypause in einem Dekorationsladen. Darum bot ich ihr an, ihr die Hilfe zu bezahlen. Prompt mailte sie zurück: »Ich komme, deine Kinder gucken nach meiner kleinen Tochter – und ich packe ein. Ich will auch nichts dafür haben, ich mache das gern.« Wir verabredeten uns für eine Uhrzeit am nächsten Tag, ich besorgte Geschenkpapier. Ich schnitt zu, Sabine

packte alles ein, es ging schnell und wurde natürlich viel schöner, als ich es gekonnt hätte. »Jetzt muss ich aber gleich gehen«, sagte ich. »Hast du noch einen Termin?«, fragte Sabine zurück. »Ich muss nur nach gegenüber«, antwortete ich. »Der Vater der Kinder, die gegenüber wohnen, ist gestorben, und ihre Mutter möchte ihnen ein Erinnerungsbuch machen. Weil ich gut tippen kann und auch etwas Ahnung davon habe, wie man das schön gestalten kann, gehe ich zweimal in der Woche rüber, sie erzählt, ich tippe. Das Buch wächst ganz schön.«
Sabine guckte mich ein wenig vorwurfsvoll an: »Und du wolltest mir Geld geben.«
Da hab ich verstanden, wie es funktioniert …

# DER BRIEFKASTEN AN DER PFALZBURGER STRASSE

*Jemandem schreiben, der das braucht.*

Jeden Morgen
leuchtet
auf meinem Arbeitsweg
an der Ecke zur Pfalzburger Straße
gelb mit einem schwarzen Horn
der Briefkasten
jede Woche
bittet er
aus seinem Einwurfschlitz
um Futter
für jemanden
der dieses Mal
hungert
nach einem Gruß
nicht per Mail
nicht per SMS
mit Stift und Briefumschlag und Marke
mit meiner eigenen Handschrift
mit meinem eigenen Duft
aus meinem ganzen Herzen
ein Zeichen.

# AM HANGARTOR

*Meditation über Reinhard Meys*
*»Über den Wolken«, weil es lange genug*
*her ist, dass er es sang.*

Robert sang es zum Niederknien gut. Cristina eher schlecht. Bei Stephan klingt es täuschend ähnlich zum Original. Wer auf der Gitarre mehr als vier Akkorde spielen konnte, stürzte sich – damals zumindest – auf »Über den Wolken« von Reinhard Mey. Am abendlichen Strand die einen, mit blondem Brusthaartoupet im Sambarhythmus die anderen.

Wahrscheinlich könnte ich immer noch nicht genau erklären, wo bei einem Flugplatz sich das Hangartor befindet. Und ob es vom Sprachrhythmus her die beste Lösung ist, dass jemand in der Luftaufsichtsbaracke Kaffee kocht und sich das auf die regendurchdrungene Jacke reimt, das steht nicht zur Debatte.

»Wind Nordost, Startbahn null drei«, das ist der Auftakt zu Freiheit, zu Weltvergessenheit, zu Höhenflügen, raus aus dem Alltag. »Ich wär gern mitgeflogen« – das ist der Abgesang, die Bodenhaftung, die Wehmut.

Einem Flugzeug nachblicken und etwas davon spüren: den Blick über die Wolken, den frischen Wind, der trägt, die Weite. Schillernd wie ein Regenbogen.

# AM BACH

*Meine Luxusmomente.*

Manchmal komme ich an einem kleinen Bach vorbei. »Wie schön«, denke ich, »wenn ich hier nur fünf Minuten sitzen und mit den Beinen baumeln könnte. Einfach innehalten im Tagesgeschäft.«
Aber eine innere Stimme drängt mich: »Weiter, weiter, weiter ...«
Am Straßencafé denke ich: »Wenn ich mich hier doch nur auf einen Kaffee hinsetzen könnte.« Aber ich habe ja keine Zeit.
Ich überlege, an welche schönen Momente ich mich erinnere. Spontan fallen mir ein: Als ich an einem Sommertag zwei Minuten die Beine in einem Bach baumeln ließ. Als ich mich spontan entschied, mich kurz in ein Straßencafé zu setzen und einen Espresso zu trinken.
War das schön.

# IRGENDWO

*Ein Gang ins Blaue als kleine Alltagsoase.*

Geh ans Ufer.
Geh in den Wald.
Geh in den Park.
Geh die Straße entlang.
Geh, so weit es geht,
und nimm nichts mit
außer einem Rucksack voller Fragen,
einer Brotdose voll Zweifel
und einer Flasche Ratlosigkeit.
Trage den Rucksack dem Horizont entgegen,
iss von dem Brot,
und leere die Flasche bis zum Grund.
Dann folge den Wolken
und wisse.

# AM REISEBÜRO

*Ein Plakat, das mich anspringt.*

Von einer Patentante, die längst schon wieder zu Hause besucht wurde, flattert endlich die Postkarte aus dem Urlaub ins Haus, von dem sie schon längst beim Besuch erzählt und die Fotos gezeigt hat. Die Karte hatte einen weiten Weg: Sie kam von den Malediven.
Das nehme ich zum Anlass, den Kindern aus der Zeit zu erzählen, als sie noch im Kindergarten waren. Zwei Wege führten nach Hause – den einen, der über die beampelte Kreuzung führte, fuhr ich üblicherweise, den anderen unter dem alten Eisenbahntunnel hindurch wählte ich, wenn an der Ampel irgendein Stau auftrat oder ich noch etwas besorgen musste. Den zweiten Weg mochten die Kinder nicht – wie Kinder so sind: Sie haben es gern, wenn immer alles gleich und vertraut abläuft, und konnten ja nicht überblicken, dass der kleine Umweg unter den Gleisen hindurch manchmal eben die bessere Wahl war. Auf die Frage: »Mami, wo fahren wir hin?«, die entsprechend jedes Mal von der Rückbank kam, antwortete ich irgendwann leicht genervt: »Auf die Malediven.«
Als ich bei einem Anlass einige Tage später wieder diesen Weg ansteuerte, tönte es wiederum leicht entsetzt von hinten: »Och nee, Mami, nicht wieder auf die Malediven.«
Da musste ich herzlich lachen – ich hatte nicht daran gedacht, dass die Kinder ja mit den »Malediven« als Traumziel gar nichts anfangen konnten, sie gleich dort hinterm

alten Eisenbahntunnel wähnten – und sie vor allem nicht mochten.

Einen Schritt weiter gedacht aber: Weiß ich denn, ob die »Traumziele« aus der Werbung wirklich meine Traumziele sind? Die fernsten Ziele sind nicht unbedingt für mich die schönsten, nicht die Ziele meiner größten Sehnsucht. Wohin zieht es mich – direkt vor meine Haustür? Ich male ein Reiseplakat dafür und denke mir einen Werbeslogan aus …

# STARKE ROLLENSPIELE

*Der liebe Himmel.*

Der Sender 3sat zeigte in einer Fernsehdokumentation, »wie Babys die Welt entdecken«. Kleine Szenen illustrierten anschaulich unterschiedliche Entwicklungsstufen des Sprachvermögens, der Beziehungsfähigkeit, des eigenen Willens und vor allem des Ichbezugs kleiner Kinder.

Zwei Mädchen, beide etwa drei Jahre alt, saßen nebeneinander und stritten sich in Vorbereitung eines Spiels, das sie beginnen wollten. »Ich will die starke Pippi sein«, forderte die kleine Blonde ein. »Nein, ich will die starke Pippi sein«, beklagte sich die Braunhaarige. »Ich will aber die starke Pippi sein«, beschwerte sich die Blonde. Das Gleiche beanspruchte das braunhaarige Mädchen wieder für sich. Nun riss der Blonden der Geduldsfaden. Etwas lauter kam es: »Ich will die starke Pippi sein, du lieber Himmel.« Da war ihre braunhaarige Freundin den Tränen nahe: »Ich will nicht der liebe Himmel sein.«

Dabei kann es so guttun, der liebe Himmel zu sein, wenn auch nur im Spiel – genauso gut, wie die starke Pippi darzustellen. Ob sie das im Leben noch zu unterscheiden lernt? Ob ich das unterscheiden kann?

Wenn ich in Gegenwart von … die starke Pippi wäre, dann würde ich …

Wenn ich in Gegenwart von … der liebe Himmel wäre, dann würde ich …

# IN DER LOSTROMMEL

*Es machen wie die in Herrnhut.*

Graf von Zinzendorf gab den Impuls: Auf seinem Land durfte im Jahr 1728 die Herrnhuter Gemeinde gegründet werden, eine Gemeinschaft von Schwestern und Brüdern. Sie sollten und wollten stets im Kontakt und Austausch über das Wort Gottes sein. Um diesen Austausch zu fördern, gab Graf von Zinzendorf an einem Abend im Mai der Gemeinde einen Liedvers mit auf den Weg: »Liebe hat dich hergetrieben, Liebe riss dich von dem Thron; und wir sollten dich nicht lieben?« Einen Vers, der gleich mehrere Aufgaben erfüllte. Zuspruch, Hausaufgabe, Parole für den nächsten Tag.

Darauf geht es zurück, dass täglich mehrere Schwestern und Brüder aus der Gemeinde von Haus zu Haus gehen und allen Mitbewohnern die Tageslosung aus der Bibel mitteilen. Darin leben die Glaubensgeschwister und tauschen sich darüber aus. 1731 erschien das erste Losungsbuch – und von da an ununterbrochen bis heute.

Ich ziehe ein Los … oder blättere einfach nach dem Zufallsprinzip in der Bibel.

# AUF PLATZ 86
# IM GROSSRAUMWAGEN

*Bewusst dorthin unterwegs sein,*
*wohin ich unterwegs bin.*

Wenn Jimmy reiste, dann ging es mit Postkutsche und Eisenbahn. Glücklich in der fernen Stadt angekommen, schrieb er einen kurzen Gruß und gab ihn dem Postkutscher wieder mit. Die Nachricht von seiner Ankunft überlebte mitunter die Empfänger – wusste er denn, ob seine Eltern noch lebten, wenn sie zu Hause eintraf? Und sie überlebte auch manchmal den Absender – wussten denn seine Eltern, ob ihr Sohn noch lebte, wenn seine Nachricht eintraf?

Mein Vetter schrieb einmal einen Brief: Münster, den 4. Juli. Greven, den 4. Juli. Emsdetten, den 4. Juli. Rheine, den 4. Juli. Meppen, den 4. Juli. Aschendorf, den 4. Juli. Papenburg, den 4. Juli. Und als PS: Dieser Brief wurde in einem Zug geschrieben.

Tim ist einer meiner Freunde auf Facebook. Vom Willy-Brandt-Platz in Frankfurt bis Potsdamer Platz in Berlin: Kaum eine Station, die er nicht mit Foto dokumentiert und kommentiert. Am Ende ist es mit seiner Reise, als sei ich selbst da gewesen. Ist es am Ende, als sei Tim selbst da gewesen?

# MIT LORENA AM SCHREIBTISCH VOR DER FAMILIENSKIZZE

*Ein Genogramm.*

Es sollte nur eine Übung für Lorenas Studium werden. Als angehende Sozialpädagogin brauchte sie eine Arbeit über eine familientherapeutische Methode und ein Versuchskaninchen. Also setzte sie sich daran, mit mir ein Genogramm aufzuzeichnen.

Was als Übung begann, gab mir unbeschreiblichen Aufschluss über meine Person. Zwar hatte ich schon eine vage Vorstellung davon, wie mich die Familie meines Vaters beeinflusste – was aber alles sich auf der Seite meiner Herkunft abspielte, war unglaublich. Es war eine Sache von einer halben Stunde. Gedacht ist jedoch, dass man ein Genogramm über Wochen und Monate hin ergänzt.

Also noch einmal hinsetzen und mit den Aufzeichnungen beginnen, wie es Experten empfehlen:

Ich schaue, ob ich ein größeres Papier oder sogar eine freie Tür oder Wand für die Erarbeitung finde. Ich nehme ein Blöckchen mit Haftnotizzetteln. Für mich schreibe ich das erste Klebezettelchen und ein weiteres für jede Person, die mir aus meiner Familie in den Sinn kommt. Mich selbst plaziere ich an den unteren Rand in die Mitte. Mit jeder Generation vor mir gehe ich ein Stück weiter nach oben auf der Fläche, die mir zur Verfügung steht. Meine Geschwister hefte ich neben mir an, die älteren links, die jüngeren rechts von mir. In den Generationen, die uns vorausgehen, mache ich das genauso. Auch die Toten bekommen einen Zettel, gerade sie, auch fehl- und totgeborene Kinder, meine eigenen und diejenigen aus der Familie, von denen ich weiß oder erfahre.

In dieser Phase mag das Genogramm chaotisch aussehen. Und das stimmt so.

Dann höre ich Lorenas Fragen zu:

Sie fragt mich nach meinen Familienmitgliedern, nach den lebenden und den verstorbenen.

Sie fragt mich, welche Verwandten ich gekannt habe, wem ich ähnlich sehe. Sie fragt nach »schwarzen Schafen« und Familienkrisen. Wer sprach wie über wen?

Ich zeichne es auf.

Wer liebte wen – und wer liebte, ohne dass jemand davon wissen durfte?

Und dann mache ich mit meinem Handy ein Foto und gehe los.

Wer erinnert sich woran? Ich frage in erster Linie die Frauen – die haben ein besseres Beziehungsgedächtnis.

Meine Verwandtschaft bekommt Kontur: Ich ergänze Geburts- und Todesdaten, auch die Sterbeursache. Heirat und Trennung, Verlobung und Scheidung – alles, was ich erfahren kann, halte ich fest.

Wer genoss welches gesellschaftliche Ansehen? Wer hatte welche Schulbildung?

Musikalisch, geschäftstüchtig, sportlich – wer hatte welches Talent? Jähzornig, gläubig, bescheiden – wen kann ich wie charakterisieren? Von wem habe ich Charaktereigenschaften geerbt?

Von welcher Seite der Familie sind mir die meisten Lebensweisheiten im Ohr?
Gibt es etwas, das in unserer Familie immer wieder passierte – Konkurs, Unfall, Krankheit?
Ein Familiengeheimnis?
Wenn ich fertig bin, zeichne ich auf, was bis jetzt nur im Entwurfsstadium vorhanden ist. Zu den Antworten passend ziehe ich Verbindungslinien zwischen den Personen. Zum Schluss versetze ich mich in jede einzelne Person auf dem Gesamtbild und verschaffe mir eine Rundumsicht. Ich blicke auf mich. Und erkenne …

# IM MUSEUM VOR DEM SCHWARZEN BILD

*Wenn ich schwarz sehe,*
*was sehe ich dann wirklich?*

Ein Film trägt den Titel »Satte Farben vor Schwarz«. Er erzählt die Geschichte zweier Menschen, die, miteinander alt geworden, nun einander nichts mehr zu sagen haben. Ihr Leben wirkt auf andere nur noch bunt und lebendig, weil vor dem dunklen, tristen Hintergrund ihrer leblos gewordenen Liebe die Farben, die sie ihm zu geben versuchen, deutlich hervortreten. Deutlich, aber in Gefahr, vom Schwarz aufgesogen zu werden.

Ist denn das Schwarz ohne jede Farbe?

In dem System, auf das etwa Internetbrowser zurückgreifen, um Farben darzustellen – es ist ein Hexadezimalsystem –, addieren sich jeweils verschiedene Farbwerte zu bestimmten Farbtönen, zusammengesetzt aus den Farben Rot, Grün und Blau. Das Schwarz hat einen eigenen Farbwert: 000 000. Erst wenn alle Farbe abgezogen ist, wird in diesem System der Bildschirm – schwarz.

Das also geschieht in anderer Technik als derjenigen, die uns aus der Anschauung bekannt ist: Wir sehen ein Kind mit einem Malkasten vor uns sitzen, das alle Farben selbstversunken ineinandermischt: erst das helle Gelb mit Blau, das Orange mit dem Braun – und dann fängt es an, dunkel und immer dunkler zu werden. Aus einem Vorrat aus Farben ist ein Schwarz geworden.

Ob das Kind mit seiner frisch gemischten Farbe noch malen möchte? Dem Kind mag das zu trist sein.
Dass das Leben farbenfroh sein und dann plötzlich ein schwarzer Film über allem liegen kann, das weiß das Kind noch nicht. Als 71-Jähriger wird der Künstler Ad Reinhardt sagen, ein schwarzes Bild sei »das letzte Bild, das überhaupt jemand machen kann«.
Ad Reinhardt malt. Erst farbige Bilder, mit zunehmender Reifung als Künstler Bilder in nur einer Farbe. Zuletzt ist es das Schwarz, das er auf die Leinwand aufträgt.
Ad Reinhardts Schwarz simuliert nur. Es ist kein Schwarz. Es sind, wie der Kunsthistoriker Heinz Liesbrock formuliert, verletzbare Bilder, auf denen Farbpigmente wie bloß liegen. Ja, Farbpigmente. Nicht einfach nur schwarz auf schwarz. Je länger man auf das Bild sieht, umso mehr kann man unterscheiden, woraus es sich zusammensetzt: Farben, viele Farben.
Satte Farben im Schwarz. Ad Reinhardt wollte mit seinen Bildern den Zugang zur Farbe erschweren. Das ist ihm gelungen.
Und auch, dass ich mein Leben ansehe, wenn ich nur schwarz sehe. Einen Spritzer Rot entdecke. Einen Faden Sonnengelb ausmache. Ein Tröpfchen Meerblau mir entgegenleuchtet. Es strengt mich an. Ich darf keine Fragen stellen. Nur schauen, erst angestrengt schauen. Und dann verstehen. Und in die Tiefe sehen.

# UNTERM BAUM

*Ein Oasentag.*

Etwas zu essen einpacken. Getränke. Der Witterung entsprechend anziehen. Bücher einstecken mit Gebeten, Meditationen, Impulstexten. Einen Ort aufsuchen, der geschützt im Freien liegt, in einem stillen Haus – oder begleitet in einem Kloster.

So beginnt ein Oasentag mitten in der Alltagswüste. In Gemeinschaft lasse ich mich begrüßen, bevor ich in das gemeinsame Schweigen eintauche. In der Einsamkeit halte ich selbst eine biblische Besinnung. Ob ich die ganze Bibel dabeihabe? Vielleicht nur einen Vers, der mich anregt, zu mir zu finden, zu Gott.

Nach einer Betrachtung des Verses nehme ich eine kleine Stärkung zu mir, gehe einige Schritte. Ob ich einige Schritte tanzen kann? Wieder zurück an meinem Ort, halte ich selbst eine Andacht, eine aus einem meiner Bücher.

»Geh Deinen Weg vor mir und sei ganz!« (1 Mose 17,1)

»Wehe durch meinen Garten, dass der Duft seiner Gewürze ströme!« (Hoheslied 4,16)

»Belebe mich, wie Du versprochen hast!« (Psalm 119,25)

»Wie der Hirsch lechzt nach frischem Wasser, so lechzt meine Seele, Gott, nach Dir. Meine Seele dürstet nach Gott, nach dem lebendigen Gott.« (Psalm 42,2–3)

»Ich lasse Dich nicht, Du segnest mich denn.« (1 Mose 32,27)

Bibelvers für meinen Oasentag:

# AN DER HALTESTELLE

*Was in der Wartezeit geschieht,*
*kann neue Ansichten vermitteln.*

Innehaltestelle: Wer pünktlich vor Eintreffen von Bus oder Bahn erscheint, hat eine zumindest kurze Wartezeit. Die kann ich mit mir selbst verbringen oder mit Menschen, die warten so wie ich.
Unterhaltestelle: Stehe ich schweigend, oder finde ich das erste Wort an die neue Nachbarin, die jeden Tag den gleichen Bus nimmt, aber noch nie mit mir gesprochen hat?
Aushaltestelle: Nicht immer sind Menschen angenehm, mit denen ich gemeinsam warte. Halte ich das aus? Gerade auch das, womit mir bekannte Mitwartende meine Ohren belegen, ohne dass ich das will?
Behaltestelle: Diejenigen, die ich treffe, bleiben mir erstaunlich häufig in Erinnerung. Wer sie sind, was sie tun, wovon sie erzählen können ... Was lösen ihre Schilderungen in mir aus, wenn ich mich daran erinnere?

# AN DER TANKSTELLE

*Meine Kraftreserven.*

Es gibt viel zu tun, packen wir's an – und am liebsten gleich den Tiger in den Tank. Nur nichts, das ökologisch angeblich verträglicher, für mein Auto aber unter Umständen völlig unverträglich ist.

Benzin und Öl für den fahrbaren Untersatz, Nüsschen, Getränk und Schokoriegel für den kleinen Hunger und Durst unterwegs. Abends aber geht die Anzeige auf null: kein wahrnehmbarer Füllstand mehr.

Wo gehe ich hin, um meine Kraftreserven wieder aufzufüllen?

Ich plane keine »Auftank-Wochen« ein, auch keinen speziellen Tag. Das halte ich nicht durch. Aber ich gönne mir heute zehn Minuten zum Auftanken – mit etwas Gutem zum Essen, etwas Frischem zum Trinken, etwas Entspannendem oder Anregendem zum Lesen. Einmal volltanken, bitte.

# BEIM VORLESEN

*Besonders jungen, besonders alten, besonders geliebten Menschen die Welt erschließen.*

Junge Eltern sollen, so riet das Babybuch, ihre Kinder »in Sprache baden«. Will heißen: viel mit ihnen reden, auch wenn sie selbst zum Sprechen noch zu klein sind. Ihnen erste kleine Büchlein vorlesen, auch wenn sie noch erst zeigen und einzelne Worte dazu nennen können.
Lilian, ein Mädchen in einem Kindergarten, hatte diese Erfahrung von den Eltern offenbar nicht vermittelt bekommen. Als sie der Praktikantin an deren ersten Tag auf den Schoß krabbelte, um mit ihr Janoschs Buch »Oh, wie schön ist Panama« zu lesen, war die junge Frau hocherfreut. Das Kind blätterte zwei Seiten um, sagte »Tiger« und »Bär« und gab auf den nachfolgenden Seiten nur noch mehr oder weniger lautmalerische Geräusche von sich – und das mit fünf Jahren. Da war der Ehrgeiz der Praktikantin geweckt: Am Ende der vier Wochen im Kindergarten konnte Lilian das Buch »lesen« – sie erzählte beim Betrachten der Seiten die Geschichte in ganzen Sätzen von Anfang bis Ende.
Vorlesen hilft, dass Verknüpfungen im Gehirn entstehen, aber auch lebendig bleiben – wie gern haben es ältere Menschen, die nicht mehr gut sehen oder ein Buch halten können, wenn man ihnen vorliest, sei es etwas Neues, sei es etwas Vertrautes, was ihre Gefühlswelt und ihre Erinnerungen weckt. Für manchen blinden Menschen sind

Computerprogramme existenziell, die ihm Internetseiten oder Dateien vorlesen.
Ist es eine Idee, Vorleserin oder Vorleser in einem Kindergarten, einer Schule, einem Kinderheim oder einer Alteneinrichtung zu werden? Wie reizvoll, sich Bücher zu überlegen, mit denen man der Zuhörerschaft Freude bereiten kann – besonders, wenn sie genau aus einer Person besteht. Der Vorleseclub der »Stiftung Lesen« rät, eine ruhige Atmosphäre und bestimmte Rituale zu pflegen, Zeit, Ort und Gestaltung des Ablaufs einer »Vorlesestunde« konstant zu halten, Raum für Fragen und Gespräch zu schaffen.
Übrigens: Ich gönne mir das auch selbst. Ich leihe oder kaufe mir ein Buch, das ich sehr gern lesen würde, als Hörbuch und lasse es mir vorlesen. Und manchmal mache ich das auch gegenseitig mit meinem Partner …

# IN DER KANTINE

*Essgemeinschaften suchen, bilden, ausschließen … Was verrät es über mich?*

Auf der Internetseite Youtube zeigt ein dort anwählbarer Beitrag sozusagen »Tetris«, das Spiel, bei dem man Formen und Farben in Freiräume einsortieren muss, jedoch gefilmt mit Menschen in einem Kirchenraum, im Zeitraffer, so dass der Eindruck der Schnelligkeit des Spiels gewahrt bleibt. Die Menschen betreten den Raum, immer in Vierergrüppchen, die T-Shirts in den gleichen Farben tragen, und besetzen Freiräume in den Bänken, in denen schon Menschen sitzen – voreinander, nebeneinander, um die Ecke geschachtelt und in Blöcken von zweimal zwei. Ist eine Reihe voll besetzt, rutscht das Vierergrüppchen unten heraus – schwupp, wieder abgeräumt.
Ich stelle mir mein berufliches Leben vor und alle Mittagspausen, die ich dabei verbracht habe. Und dann sehe ich die Szenen im Zeitraffer: Wie ich den Raum betrete. Wie ich mein Tablett abhole. Wie ich die Tische unterschiedlich besetzt sehe. Wie ich teilweise in großer Schnelligkeit entscheiden muss: Setze ich mich an diesen oder jenen Tisch? Sind dort Menschen, die ich mag, die sozusagen meine Farben tragen? Kann ich dazugehören? Ich sehe mich, wie ich abwäge: Dort sitzt jemand, mit dem ich gern gemeinsam die Mittagspause verbringe, an einem weitgehend freien Tisch. Soll ich mich dazusetzen – mit dem Risiko, dass nur eine halbe Stunde später dort Menschen dabeisitzen, die ich

mir nicht ausgesucht hätte? Oder umgekehrt: Setze ich mich an einen relativ vollen Tisch, zu einer Gemeinschaft, die ich nicht unbedingt an oberster Stelle schätze – in der Hoffnung, dass sich auf die verbleibenden zwei Plätze Menschen setzen, mit denen die Pause richtig Freude macht? Welche Wahlgemeinschaften suche ich, wie entschlossen bin ich dabei?

Im Zeitraffer und bei meinem »Mittagspause-Tetris« speichere ich für mich die Szenen, Gespräche, Erfahrungen ab, die mich ganz unerwartet bereichert haben.

# IN DEINEM ARM SO UNVERMUTET

*Sich auf solche Beziehungen einlassen,*
*die echt sind und Aussicht auf Dauer haben.*

Im Lateinischen ist das Wort für »Liebe« von der Form her gleich mit »ich werde geliebt« und die Bedeutung von »amor« nur aus dem Zusammenhang zu erschließen. Manchen bereitet Kummer, dass sie nicht geliebt werden – viel mehr bekümmert jedoch noch, dass es niemanden gibt, der sich von ihnen lieben lässt.

Wenn wir geboren werden, wissen wir nicht, wie lieben geht, sagt Bell Hooks im Buch »All about Love«. Lieben lernt man beim Geliebtwerden. Kann man Lieben auch wieder verlernen?

Es scheint so. Je länger die Zeit der Einsamkeit, umso größer die Angst, als möglichen Partner nur eine »Abwrackprämie« zu bekommen. Suchen macht nicht immer glücklich. Nehmen, was sich bietet, bietet keine Erfüllung.

Wer nicht lieben darf, dessen Liebe findet weder Ziel noch Halt. Wer nicht geliebt wird und nicht lieben darf, wird haltlos.

Ein Halt. Ein Haltepunkt in meinem Leben. Ein Mensch, zu dem ich – so unvermutet – »Ja« sagen kann. Zu meiner Überraschung sagt dieser Mensch auch »Ja« zu mir. Sein Arm um mich. Ein erster Schritt gemeinsam, unsicher noch. Der nächste Schritt. Eine Richtung für mein Leben.

»Der Wunsch, zu lieben, an sich ist noch keine Liebe«, schrieb der amerikanische Psychotherapeut Morgan Scott

Peck. »Liebe ist das, was die Liebe tut. Lieben ist ein Willensakt, und zwar eine Absicht und eine Handlung. Der Wille beinhaltet auch eine Wahl. Wir müssen nicht lieben. Dass wir lieben, ist unsere Wahl.« Lass das mein Anspruch sein.

# MIT DEM STAUBLAPPEN IN DER HAND

*Von den Geräuschemachern lernen.*

Professionelle Geräuschemacher haben einen Trick: Hörbares Herzklopfen in Filmen wird erzeugt, indem man einen Staublappen mit zwei Händen feste auseinanderzieht.
Wie prima: Beim Saubermachen ziehe ich immer mal wieder den Lappen auseinander, voller Vorfreude darauf, was ich tun werde, wenn ich damit fertig bin.

# MIT DER HAND AN DER WASSERWAAGE

*Renovieren als Neubeginn.*

Eine Libelle – vor meinen Augen steht das Bild eines Insekts mit langem, schmalem Körper und seitlich ausgebreiteten Flügeln von zwanzig Zentimeter Spannweite. Geheimnisvoll leise nähert sie sich an. Schwirrend und bunt, voller Leben, mit Reflexionen der Sonne. Ja, so soll mein Leben sein, so will ich wohnen, mich bewegen – mit einem Hauch von Unberechenbarkeit, schwirrend im Sonnenlicht.

Der Art der »Kleinlibelle« verdanken die Libellen ihren Namen, abgeleitet von »libra«, dem lateinischen Wort für »Waage«. Eine Libelle ist also eine kleine Waage, wohl, weil sie Körper und Flügel immer waagerecht zueinander stellt.

Eine Libelle – so nennt man auch das kleine Gefäß, in der bei der Wasserwaage die Flüssigkeit und eine Luftblase eingelassen sind, damit man einen Gegenstand gerade ausrichten kann. Eine Libelle – als Bestandteil der Waage klingt das Wort sehr nüchtern.

Im Anblick der Wasserwaage plane ich, manage ich das Risiko, beachte, was in meinem Leben schief ist. Nicht schwirrend, nicht sonnenbeschienen, nicht abenteuerlich weit ausgespannt, sondern mit Überlegung gehe ich an, was ich in meinem Leben ändern möchte. Erst dann lerne ich vielleicht noch fliegen.

# BEIM GEBET ZUR RECHTEN ZEIT

*Beten ist keine »Show«,*
*die man abzieht, wenn andere zusehen.*

Es war im Bus, eine Gruppe von circa dreißig jugendlichen Mädchen, eine katholische Gruppierung leitete die Fahrt. Drei Betreuerinnen fuhren mit uns.
Während der Fahrt hatte ich eine Frage und rief eine von ihnen. Ein Mädchen in meinem Alter, das neben ihr saß, sagte: »Störe sie nicht, sie betet gerade.«
Mit der Gruppierung, die als sehr konservativ bekannt ist, habe ich heute zum Glück nicht mehr viel zu tun. Damals dachte ich noch, ich müsste großen Respekt haben – ich war in dem Alter, in dem man leicht eingeschüchtert werden kann. Heute denke ich: Was ein Blödsinn. Was für ein Unsinn, wenn eine junge Frau in einer Situation, in der sie Ansprechpartnerin für mindestens zehn junge Mädchen ist, demonstrativ aus dem Fenster sieht und auch noch die Information hinterlässt: »Nicht stören, Begleiterin betet gerade.«
Alles zu seiner Zeit. Und wenn ich es für dringlich halte, kann ich auch eben kurz ein Stoßgebet sprechen.
Beten ist eine Beziehungspflege zwischen mir und Gott. Sie geht in der Gemeinschaft, aber sie geht auch im Persönlichen. Dann aber bleibt das Gebet auch persönlich. Und wird nicht zur heiligen Show.

# IM VERSICHERUNGSBÜRO

*Wie im Werbespot:*
*versichern statt verunsichern.*

Der Werbespot einer Versicherung lässt seine Protagonisten sagen: »Könnt ihr nicht endlich aufhören, mich zu verunsichern, und anfangen, mich zu versichern?«
»Den Menschen Sorgen abzunehmen ist gemeinhin das Geschäft von Versicherungen«, sagt der Osnabrücker Journalist Roland Juchem. Ein ertragreiches: Sicherheit ist ein Grundbedürfnis.
Es gibt Sportarten wie das Klettern, bei denen das Sichern elementar wichtig ist.
Mittlerweile gibt jedes Neufahrzeug fast unerträgliche Töne von sich, wenn auch nur ein Mitfahrer bei Fahrtbeginn den Sicherheitsgurt nicht angelegt hat.
Die Summen, die Prominente an Versicherungen zahlen, falls beim Pianisten die Hand oder bei der Tänzerin der Zeh arbeitsunfähig wird, sind legendär und kursieren in unterschiedlichen Höhen durchs Internet.
Es soll sogar Menschen geben, die einander ihre Liebe versichern müssen.
»Leben ist immer lebensgefährlich«, sagt Erich Kästner.

# BEIM ÜBEN AM KLAVIER

*Wo ich mich heute hindurchquäle,*
*das kann ich morgen gut.*

Mein Freund Thomas, der mit 40 Jahren noch Klavierspielen lernen wollte, verfolgte bestimmte Träume mit diesem Vorhaben: Sinfonien spielen, die »Ode an die Freude«, meinetwegen auch den »Schneewalzer«. Doch weit vom Ziel entfernt begann sein Weg bei Vorübungen, beide Daumen auf C, Griffe üben – »die ›Wiener Kaffeehausweise‹ gerät unter meinen Fingern bis heute eher zu einer Art österreichischer Begräbnismarsch«, schrieb er.
»Übung kann fast das Gepräge der Natur verändern«, lässt Shakespeare seinen Helden Hamlet sagen. Ganz so optimistisch wird man bei den meisten Lektionen nicht sein – wer keine Begabung zum Singen hat, wird auch nach der dreißigsten Gesangstunde noch kaum einen Ton treffen.
Doch in dem, wohin mich meine Begabung lenkt, werde ich auch nur gut, wenn ich beharrlich in der Übung bleibe.
Was kann ich gut?
Was möchte ich besser können?

Ich lege meine Ziele fest und schreibe einen Übungsplan:

| | |
|---|---|
| Montag | ____________________ |
| Dienstag | ____________________ |
| Mittwoch | ____________________ |
| Donnerstag | ____________________ |
| Freitag | ____________________ |
| Samstag | ____________________ |

Und für alles, was das Leben mir vorgibt, ohne dass ich Gelegenheit zum Üben hätte, folge ich der Beschreibung des großen Geigers Yehudi Menuhin: »Leben heißt Geigespielen lernen während des Konzertes.«

# MIT DEM FÄHNCHEN AUF DER LANDKARTE

*Wo will ich hin?*

Deutschlandreise – das Brettspiel ist immer noch erhältlich und erfreut sich nach wie vor großer Beliebtheit. Die Spielregel ist einfach: Man erhält eine Anzahl von Kärtchen mit Ortsnamen. Alle Orte, die auf den Kärtchen stehen, müssen in der Spielrunde besucht werden. Eine der Städte auf den Kärtchen gibt die Heimatstadt an. Die markiert man mit einem Fähnchen, das man auf das Spielfeld steckt. Der Startort wird im Spielverlauf zum Ziel der Reise. Die Leistung besteht darin, die Route so festzulegen, dass man die Heimatstadt wieder erreicht, bevor die Mitspieler ihre Heimatorte erreicht haben. Manchmal staunt man schon darüber, welche Stadt wo genau in Deutschland liegt.

Als ich noch ein Kind war, gab es dieses Spiel bei uns zu Hause in der Version von 1962. Im äußersten Westen des Landes geboren, hatte ich besonderen Ehrgeiz, mich bei den Städten auszukennen, die ganz im Osten auf der Landkarte standen. Orte waren darauf – Jena, Dresden, Rostock, Chemnitz –, bei denen ich mich, älter geworden, fragte: Warum tauchen die nie in den Nachrichten auf? Später erst verstand ich.

1989 fuhr ich zum ersten Mal nach Leipzig. Endlich. Kärtchen erledigt! Ein Ziel erreicht, das kaum erreichbar schien.

Im späteren Leben habe ich es weiter so gehandhabt. Fähnchen stecken, Route planen, mich bemühen, dass ich das Ziel erreichen kann.
Ich lese auf einem Kalenderblatt den Spruch: »Erkenne, wo du stehst, wo du hinwillst. Mach deinen Plan. Und dann geh!«

## UNTERM STERNENHIMMEL

*Was mir verheißen ist.*

Der biblische Abraham schaute in den Abendhimmel. Gott hatte ihm Kinder versprochen, wie die Sterne so zahlreich. Wann denn aber noch? Sara war nun schon alt und wurde mit jedem Tag, der verging, nicht jünger. Nur ein Kind … vielleicht. Würde das genügen?

Was hast du mir da verheißen, Gott? Eine Zukunft – und ich weiß schon das Heute nicht zu schaffen. Kinder – was gebe ich ihnen mit? Hoffnung – und heute könnte ich weinen vor Verzweiflung. So lang ist der Weg, und wer weiß, wohin er führt?

Was ist mir verheißen?

Dietrich Bonhoeffer hat geschrieben: »Nicht alle unsere Wünsche, aber alle seine Verheißungen erfüllt Gott.«

# IM MUTTERLEIB

*Wachsen und ankommen.*

In der zehnten Klasse wird eine Kurzgeschichte besprochen. Die Hauptfigur, ein junger Mann, ist in einer Situation, die Angst macht. Er zieht sich nach Hause zurück, in sein Bett, liegt dort – wie der Deutschlehrer auf dem Stuhl hinter dem Pult andeutet – in Embryonalhaltung: die Arme angewinkelt, die Ellbogen eng an den Körper gezogen, den Daumen fast im Mund, die Beine so dicht angewinkelt, dass sie den Bauch schützen, die empfindliche Körpermitte.

Auf einigen Gesichtern – verwundertes Erkennen: Erwachsene machen das? Erstaunlich. Denn das kennen Mädchen und Jungen, gerade diejenigen in der Pubertät: sich zusammenkauern, eng, Halt an sich selbst finden und Geborgenheit erfahren. Eine alte Körpererinnerung, zu der viele lebenslang immer wieder zurückkehren, auch unbewusst im Schlaf. Psychologen sprechen davon, dass jeder Mensch aus der Zeit als Embryo im Mutterleib ein »Wachstumswissen« mit ins Leben bringt.

»Und Gott machte eine Frau aus mir«, schreibt die nicaraguanische Dichterin Gioconda Belli, »... mit runden Hügeln und Falten/und weichen Mulden, höhlte mich innen aus/und machte mich zu einer Menschenwerkstatt.«

In der »Menschenwerkstatt« Mutter reift ein Kind heran, und im späteren Leben reift das Kind zum Menschen, der Erwachsene, dem Kinde gleich, zieht sich zurück auf sich selbst, um von dort aus den nächsten Schritt zu gehen. Niemand soll allein gehen, niemand ohne Kraftquellen sein, jeder den Mut haben, die kauernde Haltung aufzugeben. Günter Bruno Fuchs schreibt es in seinem Gedicht »Für ein Kind«: »Ich habe gebetet. So nimm von der Sonne und geh. … / Die Ufer werden bewohnt sein. / Ich habe den Menschen gesagt, sie mögen dich lieben. / Es wird dir einer begegnen, der hat mich gehört.«

# VOR DER VERSCHLOSSENEN SCHATZKISTE

*Was packe ich ein, was nehme ich heraus –*
*wie beim Geocaching?*

Neue Technologie macht es möglich: Im Netz von Positionsdaten, den gleichen, auf die auch Navigationssysteme in Autos, Booten und Flugzeugen zugreifen, ist ein neues Hobby entstanden. Es heißt »Geocaching« und ist im Grunde die gute, alte Schatzsuche – nur eben per GPS, also eines Positionierungssystems.
Handliche Geräte zeigen die Koordinaten an, die man vorher per Internet ermitteln konnte. Dort kann man nämlich Funde melden oder einen eigenen Schatz mit seinen Positionsdaten eintragen, den man an bestimmter Stelle versteckt hat. Als »Cache« wird jeweils eine Dose versteckt mit kleinen netten Dingen und einem Logbuch.
Wer einen Schatz findet, einen »Cache«, öffnet ihn, nimmt einen Gegenstand heraus, fügt etwas Neues hinein und notiert den Fund im Logbuch – wie auch auf der entsprechenden Internetseite.
Ich finde einen Schatz – was soll er für mich enthalten? Was möchte ich entnehmen können? Was nehme ich mit, um es hineinzulegen?
Und da ist dann auch noch mein »Schatz«, der Mensch, den ich liebe. Was gibt er mir? Was »nehme« ich mir? Was gebe ich von mir in diese Liebe hinein?

# IM GEPACKTEN KOFFER

*Für die letzte Reise.*

Der Bestatter Fritz Roth aus Bergisch-Gladbach wird oft mit dem konfrontiert, was sich Menschen »für die letzte Reise« wünschen oder gewünscht hätten. Darum lud er im Rahmen eines Kunstprojekts prominente und unbekannte Menschen zum Kofferpacken ein: Wenn Sie sich auf die Endlichkeit des eigenen Lebens besinnen, was würden Sie mitnehmen? Was gibt ganz persönlich das wieder, was Sie ausmacht, wer Sie sind? Sind es praktische Dinge, Sentimentalitäten, Erinnerungsstücke oder Gegenstände, mit denen man für alle Eventualitäten gut gerüstet ist? Eine Geschäftsfrau, die beruflich viel reisen muss, entschied sich gegen einen Koffer – endlich ohne Gepäck unterwegs sein! – und nur für einen Zettel. Sie nahm ihre Beziehungen zu anderen Menschen als Geschenk, nicht als Gepäck mit. Der Musiker Purple Schulz hatte einen nur scheinbar schweren Koffer – er wog schwer vor lauter ungesagten Worten und ungeweinten Tränen, die man im Lauf des Lebens sammelt. Insgesamt ein »berührendes, faszinierendes Bild dessen, was uns wirklich nah ist – oder dessen Nähe wir uns wirklich wünschen«.

Der Koffer für die letzte Reise: Was muss mit? Was packe ich ein? Was ist mir wichtig, was gehört zu meiner Persönlichkeit dazu?

# MIT DEM STIFT VOR DER VORSORGEVOLLMACHT

*Habe ich schon darüber nachgedacht?*

Weil meine Eltern die Version ihrer Vorsorgevollmacht und Patientenverfügung auf den neuesten rechtlichen Stand bringen wollten, half ich ihnen bei den Nachforschungen. Das schien mir ein Leichtes: Ein Freund arbeitet bei einer Reha-Klinik und beschäftigt sich mit Fragen nach Ethik in der Medizin. Er würde das wissen.
Er wusste es auch und sagte mir zu, das Formular, das er empfehlen würde, in einen Briefumschlag zu stecken und mir zuzusenden. »Dann kannst du«, sagte er mir, »das gleich für dich selbst auch so regeln.«
Wie bitte? Sozusagen in der Lebensmitte? Ja, genau dann. Warum jetzt nicht?
Aber wie und wo fange ich damit an?
Andreas Lob-Hüdepohl, Professor für theologische Ethik am Berliner Institut für christliche Ethik, plädiert dafür, »grundlegende Ansichten niederzuschreiben, wohl wissend, dass damit keine konkreten Anweisungen für den Einzelfall gegeben werden. … Meiner Meinung nach kann man einfach nicht voraussehen, wie man sich in einer Krankheits- oder Sterbesituation fühlen wird.« Darum sind ausführliche und grundsätzliche Hinweise gut. Denn »eine Patientenverfügung kann dem Betreuer Hinweise über die Lebensphilosophie eines Menschen geben.«

Welche grundlegenden Ansichten habe ich? Welche Lebensphilosophie gibt es zu beschreiben, die meinen Standpunkt für den Fall ablesbar macht, dass ich nicht mehr sprechen, mich nicht mehr ausdrücken kann? Was bedeuten medizinische Möglichkeiten für mein Lebensgefühl? Wenn ich nicht mehr entscheiden kann: Wer soll an meiner Stelle entscheiden?
Ich schreibe es auf:

# VOR DEM BILDSCHIRM AM SIMULIERTEN ALTERUNGSPROZESS

*»Face of the Future.«*

Meine Schwester hat alle alten Familienbilder durchwühlt, haben meine Eltern mir erzählt. Sie suchte besondere Motive für die Einladung zu ihrem runden Geburtstag.

Jetzt flattert die Einladung ins Haus. Es sind Kinder- und Jugendbilder neben Bildern aus der heutigen Zeit. Wer hätte vor 40 Jahren gedacht, dass sie je diese eckigen Brillengestelle ablegen können würde.

Auf einem der Bilder bin auch ich zu sehen. Vor meinem inneren Auge projiziere ich mein Bild von heute neben das Kinderbild. Dass ich dann doch Tante Paula eines Tages nicht so sehr ähnlich sah, wie in meinen Kindertagen gemutmaßt. Dass meine Haare dunkler würden als erwartet. Wer hätte das gedacht. Mein Partner sagt mir liebevoll: »Ich sehe, wie du älter wirst. Und weißt du was? Ich sehe: Du wirst immer schöner.«

Auf einer Internetseite mache ich das Experiment. »Face of the Future« heißt sie. Ich lade ein Porträtbild von mir hoch, markiere mit grünen Kreisdiagrammen die Position von Augen und Mund – und drücke den Umschaltknopf: Ich will mich selbst als »ältere Erwachsene« anzeigen lassen. Mein Rechner arbeitet. Es dauert. Da: Ich – gealtert.

Na ja. Oder auch: Nur ein Filter wurde über mein Gesicht gelegt wie knitteriges Papier. So? Nein, so sehe ich mich selbst nicht alt werden. Aber wie sonst?
Das ist eine Schwierigkeit der Gesellschaft im demographischen Wandel: Es gibt keine Rollenvorbilder für Menschen, die alt, aber nicht mehr im Erwerbsleben sind, die keine Eltern mehr, keine Arbeitnehmer mehr, keine Chefinnen mehr, keine Mannschaftssportler mehr sind.
»Face of the Future« – das trägt mich nicht weiter. Mein Gesicht leicht zerknittern – das krieg ich notfalls alleine hin, das ist ergreifend einfallslos, dazu brauche ich nur mal eine zu kurz geratene Nacht.
»Back to the Future« heißt ein Fotoprojekt der argentinischen Fotografin Irina Werning. Sie hat in einzigartiger Weise Fotos gegenübergestellt – das erste ist jeweils ein Bild aus Kindertagen, vorgefunden im Bilderalbum von Freunden, die sie besuchte. Das zweite zeigt jeweils den erwachsenen Menschen, aber in Körperhaltung, Umgebung, Bekleidung und Accessoires genauso dargestellt wie auf dem Kinderbild.
Diese Art der Darstellung regt mich an, über mein Rollenverständnis als alter Mensch nachzudenken. Welche Anlagen, Begabungen, »Zutaten« trage ich heute noch aus Kindertagen mit mir? Was war ich – und wie werde ich sein? Wo sehe ich mich? In welcher Wohnsituation will ich alt werden? Wer soll bei mir sein? Was will ich tun – ehrenamtlich im Kindergarten vorlesen? Die Hände in den Schoß legen? Ein Seniorenstudium beginnen?
Wie will ich alt werden – habe ich dafür ein Konzept? Wie kann ich mir eines machen?

# UNTERM APFELBÄUMCHEN

*Wenn ich wüsste, dass morgen die Welt untergeht, was würde ich heute tun?*

Es gibt verstörende Beobachtungen. Ein schokoladengefüllter Adventskalender hat ein Haltbarkeitsdatum, das später liegt als Weihnachten.
Das wüsste ich gern: Ob jemand einen Adventskalender über Weihnachten hinaus verwahrt und nutzt.
Das wüsste ich gern: Ob meine Erwartung ein Haltbarkeitsdatum hat.
Das wüsste ich gern: Ob meine Hoffnung einmal verfällt, wenn ich sie zu lange aufrechtzuerhalten suche, wenn sie zu lange unerfüllt bleibt.
»Wenn ich wüsste«, sagte Martin Luther, »dass morgen die Welt untergeht – ich würde heute noch ein Apfelbäumchen pflanzen.«
Wenn ich wüsste, dass morgen die Welt untergeht, würde ich heute …